# 内容电商运营实战

## 抖音·快手·小红书·视频号

姜来 韩博 马仁业◎著

化学工业出版社
·北京·

## 内容简介

本书综合抖音、快手、小红书、微信视频号以及传统电商平台（如淘宝、天猫、京东、拼多多）上的案例与数据，一方面阐述了不同平台的特色、运营策略和发展趋势；另一方面以上述内容为基础，深入探讨了内容电商行业的运作规律，使读者全面掌握内容创作、运营、传播与裂变的技巧。全书分为三部分：第一部分（第1～4章）是普适性内容，涵盖了内容电商的基础知识、内容规划、内容创作、内容裂变；第二部分（第5～9章）是针对性较强的内容，围绕几个平台进行特定的分析，为不同平台的内容电商运营者提供切实可行的解决方案；第三部分（第10章）为案例解析。

本书注重实用性，采用简洁明了的语言，通过典型案例提炼、总结了许多方法、技巧，并配有大量图表，便于读者阅读。

本书可作为电商创业者、传统电商转型人员以及从事内容电商运营的工作者的参考用书，也可作为高等院校相关专业师生的参考资料。

**图书在版编目（CIP）数据**

内容电商运营实战：抖音·快手·小红书·视频号 / 姜来，韩博，马仁业著 . -- 北京 : 化学工业出版社，2025. 6. -- ISBN 978-7-122-47812-2

Ⅰ. F713.365.1

中国国家版本馆 CIP 数据核字第 2025VH7189 号

---

责任编辑：卢萌萌　　　　　　　　文字编辑：谢晓馨　刘　璐
责任校对：李露洁　　　　　　　　装帧设计：异一设计

---

出版发行：化学工业出版社
　　　　　（北京市东城区青年湖南街 13 号　邮政编码 100011）
印　　装：大厂回族自治县聚鑫印刷有限责任公司
710mm×1000mm　1/16　印张 13　字数 198 千字
2025 年 8 月北京第 1 版第 1 次印刷

---

购书咨询：010-64518888　　　　　售后服务：010-64518899
网　　址：http://www.cip.com.cn
凡购买本书，如有缺损质量问题，本社销售中心负责调换。

---

定　　价：59.80 元　　　　　　　　　　版权所有　违者必究

Marketplace Online

在流量红利逐渐消退、用户注意力日益碎片化的当下，内容电商已经成为企业突破增长瓶颈的关键领域。从"流量为王"到"内容为王"，从单向销售到深度经营用户关系，这一变革不仅重塑了商业模式，也对运营者的思维和技能提出了新的挑战。

作为在内容电商领域深耕多年的专业人士，我深知一本系统、实用且兼具战略视野与操作方法的书籍，对从业者来说是多么宝贵。我有幸提前阅读了好友所著的《内容电商运营实战：抖音·快手·小红书·视频号》一书，深感其价值巨大。这不仅是一本指导如何通过内容驱动销售的实用手册，更是一部深入探讨如何在数字化浪潮中脱颖而出的战略指南。

一、内容电商，新时代的商业革命

正如本书第 1 章所阐述的，"内容电商"是电商转型的下一个关键领域。随着社交自媒体的兴起，消费者获取信息的方式发生了根本性的变化，从被动接受到主动搜索和分享。这种转变催生了以内容为核心驱动力的新型商业模式——内容电商。它不仅仅是传统电商模式的升级，更是基于用户需求和行为习惯的一次深刻变革。书中详细分析了内容电商与传统电商的区别，强调了"从商品交易到用户关系深化"的管理重点演进，以及"从单一到多元的突破"的变现模式拓展。

## 二、实战导向的内容规划与创作

本书并未停留在理论层面，而是深入实际操作中。第 2~4 章专注于内容规划、创作及裂变传播，提供了详尽的方法论指导。无论是内容规划中的自身优势分析、竞品深度分析，还是内容创作过程中的标题拟定、悬念设置等技巧，都体现了作者深厚的实战经验和独到见解。特别是针对内容创作过程中常见的误区，如将平台当企业官网来运营、内容与商品脱节等问题，作者提出了切实可行的解决方案，帮助读者避开弯路。

## 三、多平台策略解析

值得一提的是，本书还针对当前最热门的内容电商平台进行了细致剖析，包括抖音、快手、微信视频号和小红书。每个平台都有其独特的文化和用户群体，因此需要采取不同的运营策略。例如，在分析抖音时，作者提出了"差异化"的观点；而在讨论快手时，则强调了"信任电商"的重要性。这些洞察对于希望在不同平台上取得成功的商家来说，无疑是宝贵的财富。

最后，本书展望了内容电商的发展趋势，并提出了八大技巧助力品牌做大做强。无论是构建完备的内容生态系统，还是秉持创新精神强化内容创意，都是对未来发展方向的精准把握。特别是提到规避内容运营中的潜在风险时，作者展现了对行业发展的深刻理解与前瞻性思考。

总之，这不仅是一本工具书，更是一部引领未来的战略指南。它适合所有渴望在数字时代中寻找新机遇的人士阅读，无论是初涉电商领域的新手，还是寻求突破的传统电商从业者。我相信，通过学习这本书，你将获得开启成功之门的钥匙，踏上通往内容电商巅峰的道路。让我们一起迎接这个充满无限可能的新时代吧！

李 潇

格家网络 CEO，T97 咖啡创始人

抖音・快手・小红书・视频号

E-commerce

Marketplace Online

　　当我的好友邀请我为他的新作《内容电商运营实战：抖音・快手・小红书・视频号》撰写序言时，我立刻欣然应允。这本书正是当前内容电商从业者迫切需求的生存指南和进阶手册。它宛如一位经验丰富的向导，不仅能够为你指引方向，还提供了实用的策略和方法。

　　为何必须阅读这本书？在自媒体领域，我目睹了无数品牌从默默无闻到一夜成名的奇迹，也见证了因误判趋势而失败的案例。我见过太多纸上谈兵的理论家，也遇到过许多埋头苦干却成效甚微的实践者。而本书作者的独特之处在于，既是内容电商浪潮的弄潮儿，又是将实战经验提炼为方法论的思想者。我们曾共同孵化过许多头部主播，他们活跃在各个领域。这体现了作者"从战场中来，到战场中去"的创作理念。

　　翻开本书的前言，作者提出：以流量为主导的策略逐渐淡出电商市场，而内容正逐步承担起连接电商和消费者的重任。这句话精准地揭示了当前电商行业的核心问题。过去十年，电商行业经历了"流量红利—流量内卷—内容破局"的三级跳。

　　当传统电商平台陷入 ROI（投资回报率）持续走低的困境时，抖音、快手、小红书等内容平台的崛起，用"兴趣推荐""信任消费""种草"等新逻辑重构了交易链路。消费者不再满足于货架式的商品陈列,他们需要故事、情感共鸣和价值观认同,而这正是内容电商的核心竞争力。

我曾辅导过一个典型案例:某新锐美妆品牌通过小红书"素人笔记＋专业测评"的内容矩阵,三个月内实现了销售额从 0 到 2000 万元的飞跃。这一过程中,优质内容的持续输出远比投放广告更具价值。正如书中所强调的:"内容不是点缀,而是电商交易的'新货币'。"作者对行业趋势的敏锐洞察,在开篇就为读者构建了清晰的认知框架。

本书最令我赞赏的,还是作者"三分理论,七分实战"的务实风格。作者没有停留在行业趋势的宏观论述上,而是将内容电商拆解为可落地的操作模块。前半部分(第 1~4 章)系统梳理了内容规划、创作、裂变的底层逻辑。例如,关于内容与商品脱节的警示,正是许多品牌在抖音投放中盲目追热点却转化率低迷的症结所在。后半部分(第 5~9 章)则聚焦主流平台的差异化打法。作者深谙各平台的生态特性:抖音的"兴趣电商"、快手的"信任电商"、小红书的"种草闭环"、视频号的社交裂变能力。这种"一平台一策略"的深度解析,在同类书籍中罕见。例如,第 5 章对抖音"DOU+ 投放秘籍"的拆解,直接给出了从封面设计到话题标签的实操要点;第 8 章关于小红书"爆款笔记的创作技巧",更是将平台算法规则与用户心理结合得丝丝入扣。

本书也对传统电商的内容化转型进行了阐述。对于传统电商而言,内容化转型是破局的关键,它不是选择做与不做,而是生死攸关。许多从业者认为"内容电商＝短视频平台带货",这实际上是一个重大误判。本书对淘宝、京东等传统电商平台内容化转型的解读,提出的"商品故事化""详情页场景化""用户评价内容化"等策略,正是传统电商玩家亟需掌握的必修课。我曾协助某家电品牌通过京东"短视频晒单"活动,将单品复购率提升了300%，这恰恰印证了书中"内容即流量，流量即销量"的论断。

作者跳脱出平台运营的细节，回归商业本质：内容电商的终极目标，是构建品牌自有的内容资产。这一观点与我多年践行的"内容资产论"不谋而合。当流量成本越来越高，唯有通过持续产出优质内容，才能在用户心智中建立"品牌＝解决方案"的强关联。书中关于"账号矩阵运营""情景化内容设计""风险管控"的论述，为从业者提供了长期主义的战略地图。

这是一个"人人皆可创作，但并非人人能变现"的时代，《内容电商运营实战》的出现恰逢其时。它既是对过去五年行业经验的系统总结，又是面向未来竞争的战略预判。作为作者的老友，我见证了他从一线操盘手到行业布道者的蜕变；而作为读者，我确信这本书将成为内容电商领域的里程碑之作。翻开它，你得到的不仅是一套方法论，更是一张通往内容电商黄金时代的入场券。

嘉存

他创传媒创始人

　　在电商领域，很多人认为当前是一个"内卷"的时代，然而对于那些擅长创造内容的人来说，这无疑是一个充满机遇的时代。互联网技术的进步使得每个人都有机会通过自媒体平台将自己的才华、知识、技能和兴趣转化为经济价值。随着互联网生态系统的不断成熟，以流量为主导的策略逐渐淡出电商市场，而内容正逐步承担起连接电商和消费者的重任。消费者的购买理念和意识正在经历前所未有的深刻转变。新一代年轻消费者不仅关注品牌和商品的外在品相，更倾向于深入了解与之紧密相关的内涵，这些内涵为品牌和商品注入了独特的情感色彩、文化温度和精神灵魂。

　　在自媒体盛行的时代，传统电商若想实现更全面的发展，内容创造与创新能力成为不可或缺的软实力之一。电商运营者必须掌握至少一种大众传播技能，图文、音频、视频、直播总要擅长一种，而这种技能就是做内容。因为在这个时代，人们对内容的需求呈爆炸性增长。而且，无论未来电商行业如何演进，销售模式如何变革，无论卖的是商品还是服务，内容始终都是核心。这也是最近几年内容电商蓬勃发展的根本原因。"内容＋电商"已经成为一种新兴的电商模式。这种模式依靠有温度、有情感、有灵魂、能够触动人心的内容，深度占据人的心智。与传统电商直接卖商品相比，内容电商通过文字、图像、视频等多种形式，向消费者传达商品背后的故事、文化和价值，使消费者更全面、深入地了解商品，间接地使消费者产生购买欲望。例如，许多互联网品牌的迅速崛起，正是得益于内容的强大支持。品牌的核心不是对商品进行推广和销售，而是通过内容让消费者产生共振、共鸣、共频，产生对企业、品牌的情感连接，从而建立起对商品的认可和信任。

本书基于对抖音、快手、小红书、微信视频号及传统电商（如淘宝、京东、拼多多）的深入研究，全面分析了内容电商的运营策略。全书分为三部分：第一部分（第1~4章）详细介绍了内容电商的发展趋势、优势特点、基础知识，以及内容规划、营销推广、变现模式等关键环节。第二部分（第5~9章）则对各类型的内容电商平台进行了全面细致的分析，为读者在这些平台上开展电商活动提供了具体可行的指导方案。第三部分（第10章）为案例解析，结合具体例子，从内容生态建设、品牌影响力提升等八个方面进行深入剖析，旨在为内容电商的未来发展提供坚实的理论基础，推动其实现可持续发展的目标。

本书注重实践操作，在前沿理论和丰富实例的基础上，总结和提炼实用且有价值的方法，旨在帮助读者熟悉内容电商的各个环节，掌握内容运营逻辑、内容创作技巧、内容变现技能。为了满足初学者的需求，本书还配有大量图表，便于读者阅读。在行文上，力求语言简洁明了，注重方法、步骤与技巧的传授，便于读者学以致用，为有志创业者在内容电商领域取得成功提供有力的支持。

编者

# 第1章
# 内容电商：
# 流量时代落幕，内容时代来临     001

1.1   内容电商：电商转型的下一个必争之地 ················· 002

1.2   内容电商随着社交自媒体而来 ····················· 004

    1.2.1   内容电商的内涵 ··························· 004

    1.2.2   内容电商的优势 ··························· 005

1.3   内容电商与传统电商的差异 ······················· 007

    1.3.1   消费场景的转变：从机械陈列到个性推荐 ········· 008

    1.3.2   运营逻辑的变化：从流量驱动到内容为王 ········· 009

    1.3.3   管理重点的演进：从商品交易到用户关系深化 ····· 011

    1.3.4   变现模式的拓展：从单一到多元的突破 ········· 012

# 第2章
# 内容规划：
# 做内容如同盖房子，缺乏规划，基石不稳     015

2.1   内容规划的两个关键 ··························· 016

    2.1.1   自身优势分析 ···························· 016

    2.1.2   竞品深度分析 ···························· 018

2.2　内容规划的四大要点 ·································································· 019

　　2.2.1　选题策划：打造丰富的内容体系 ································· 020

　　2.2.2　素材搜集：构建内容的"材料库" ···························· 022

　　2.2.3　风格塑造：让内容有性格 ········································· 025

　　2.2.4　视觉呈现：好的内容引人注目 ·································· 030

2.3　内容规划最易陷入的四大误区 ·········································· 032

　　2.3.1　误将平台当企业官网来运营 ······································ 032

　　2.3.2　内容与商品脱节或结合得不精准 ······························ 033

　　2.3.3　内容无法持续输出，缺乏连贯性 ······························ 034

　　2.3.4　内容运营者缺乏专业素养 ········································· 035

# 第3章
# 内容创作：
## 任何内容的爆火都不是偶然，而是有章可循　　036

3.1　内容创作步骤 ·································································· 037

　　3.1.1　拟定标题：引人入胜，事半功倍 ······························ 037

　　3.1.2　设计开头：开宗明义提出独特见解 ··························· 039

　　3.1.3　设置悬念：激发好奇心，提升阅读动力 ···················· 040

　　3.1.4　叙述故事：打造沉浸式体验，增强代入感 ················· 042

　　3.1.5　解决问题：直击需求痛点，提供解决方案 ················· 044

3.2　内容优化策略 ·································································· 045

3.2.1　需求匹配：深度洞察年轻群体的内容喜好 ·················· 045

3.2.2　情感包装：激发用户的情感共鸣，提升参与度 ·············· 048

3.2.3　价值凸显：展现内容对消费者的实际益处 ················· 049

# 第4章
## 内容裂变：
## 静躺在纸上的内容，若不传播没有任何价值　051

➤ 4.1　流量青睐的内容类型 ······································· 052

4.2　植入传播基因，实现内容裂变 ······························· 053

　4.2.1　明确营销意图，传递核心价值 ························· 054

　4.2.2　以目标受众为中心，精准定位 ························· 055

　4.2.3　塑造独特的"人设"，增强辨识度 ····················· 057

　4.2.4　融入社交元素，促进用户互动 ························· 059

　4.2.5　深度解读平台数据，实现全面利用 ····················· 061

　4.2.6　充分利用平台分发机制，提升内容曝光效能 ············· 063

4.3　确定内容裂变的方式 ······································· 065

　4.3.1　激励用户成为内容裂变的主力军 ······················· 065

　4.3.2　创新营销方式，带动内容病毒式传播 ··················· 066

　4.3.3　借助事件热度，提升内容关注度 ······················· 068

　4.3.4　发挥社群力量，构建内容传播网络 ····················· 070

　4.3.5　融入IP标签，增强内容识别度 ························· 071

➤ 5.1 注入社交赋能内容，内容电商更有活力·······················074

5.2 社交元素为抖音电商带来的改变·····························075

5.3 抖音内容电商的三种玩法·································077

　5.3.1 纯内容模式：用趣味性内容调动大众消费热情···············077

　5.3.2 内容付费模式：用"DOU+"打开传播的百宝箱···············080

　5.3.3 广告模式：好的广告本身就是一种内容·················081

5.4 以短视频为突破口，打造社交型内容电商·····················082

　5.4.1 差异化：内容新奇特，抓住大众注意力··················082

　5.4.2 封面：内容吸引力的关键，提升打开率··················084

　5.4.3 标签：精准定位内容，选用高质量的标签················086

　5.4.4 话题：给视频植入热门话题·······················088

　5.4.5 拍摄：优质的画面是优质视频的基础···················090

　5.4.6 剪辑：精心剪辑让视频与众不同·····················092

5.5 抖音直播，直接将社交力转化为销售力·····················094

　5.5.1 精心设计脚本，提升直播吸引力·····················094

　5.5.2 根据直播内容精心执行和优化脚本····················096

　5.5.3 一定要真人出镜，增强直播感染力····················097

　5.5.4 给直播间选择合适的配音和配乐·····················098

**第6章**

**快手：**
**以信任为驱动力，打造信任电商新形态**　101

6.1 抖音"兴趣电商"和快手"信任电商"的逻辑 ················· 102

　　6.1.1 抖音的"兴趣电商"逻辑 ··························· 102

　　6.1.2 快手的"信任电商"逻辑 ··························· 103

6.2 以人为媒，极致信任下的快手内容电商 ··············· 105

6.3 快手基于信任电商的内容策略 ····················· 107

　　6.3.1 根植原创，严格把控内容真实性 ················· 107

　　6.3.2 营造沉浸式参与感，加码信任营销 ··············· 108

　　6.3.3 利用快手小店，强化消费者信任心智认知 ········· 110

　　6.3.4 全面打造信用生态体系"信任购" ·················· 111

6.4 "信任电商"是蓝海也是艰难之路 ··················· 113

**第7章**

**微信视频号：**
**依托微信先天优势，积极拓展内容电商领域**　114

7.1 视频号：微信大内容生态最后一块拼图 ··············· 115

7.2 微信视频号电商传播内容的形式 ····················· 116

　　7.2.1 与朋友圈对接：丰富的内容表现形式与深度 ········· 116

7.2.2　与公众号整合：推动图文内容向视频化转型 ·················· 118

7.2.3　与小程序协同：视频号商业化进程中的重要里程碑 ············ 119

7.2.4　开通直播：为内容带来更直接的传播渠道 ···················· 121

7.2.5　植入广告：赋予内容更多的商业价值 ························ 122

第 **8** 章

# 小红书：
# 构建自"种草"至"拔草"的闭环链条　124

➤ 8.1　小红书内容特色：独特的"种草"文化 ······················· 125

8.2　小红书多样化的"种草"内容 ·································· 127

8.3　图文笔记：构建内容生态的基石 ································ 130

　8.3.1　笔记创作的技巧 ········································· 130

　8.3.2　图文笔记发布攻略：从构思到执行 ······················· 131

　8.3.3　严守规范，确保内容安全无风险 ························· 136

8.4　视频笔记：开通视频号，玩转 vlog ···························· 137

　8.4.1　视频号兴起：小红书内容新趋势 ························· 137

　8.4.2　创意启发：打造引人入胜的视频内容 ····················· 139

　8.4.3　视频后期处理的全流程解析 ····························· 141

　8.4.4　"种草直播"的独特魅力与吸引力 ······················· 145

8.5　小红书内容电商的三方面布局 ································· 146

**第 9 章**

**淘宝、天猫、京东、拼多多：**
**超越传统，构建特色"内容联盟"** 149

9.1 传统电商内容化，是流量与内容的深度融合 ·························· 150

9.2 店铺运营：传统电商转型仍需根植于店铺 ························· 152

9.3 内容生态下的店铺框架设计与优化 ····························· 154

　　9.3.1 深入了解店铺布局与功能 ····························· 154

　　9.3.2 店铺装修艺术：提升用户体验的关键 ·················· 156

　　9.3.3 流量整合策略：打造店铺流量闭环 ···················· 160

9.4 内容生态下的店铺运营秘籍 ·································· 163

　　9.4.1 挖掘商品背后的故事，打造吸睛内容 ·················· 163

　　9.4.2 详情页设计：文字与视觉的和谐统一 ·················· 167

　　9.4.3 激励消费者分享，增强品牌黏性 ····················· 169

　　9.4.4 做好评论区管理，提升互动效果 ····················· 171

**第 10 章**

**未来发展趋势：**
**内容电商做大做强的八大技巧** 173

10.1 技巧 1：构建完备的内容生态系统 ····························· 174

10.2 技巧 2：借助外力，增强品牌影响力·················176

10.3 技巧 3：秉持创新精神，强化内容创意·················178

10.4 技巧 4：整合资源，借力打力降低创作成本·················179

10.5 技巧 5：建立账号矩阵，实现多平台高效运营·················181

10.6 技巧 6：情景化内容，构建沉浸式体验·················183

10.7 技巧 7：持之以恒，优质内容需长期耕耘·················185

10.8 技巧 8：规避内容运营中的潜在风险·················186

...

# 第1章

# 内容电商：流量时代落幕，内容时代来临

随着电商行业发展速度逐渐放缓，许多电商企业陷入增长瓶颈，不少企业纷纷寻求和探索转型之路，进行创新与升级。内容电商作为一种新兴电商模式，不仅获得了企业的广泛认同，也深受消费者欢迎，被认为是未来推动电商行业实现转型升级的关键动力。

# 1.1
## 内容电商：电商转型的下一个必争之地

在互联网经济生态中，"内容"成为各大电商企业关注度最高的词语之一。好的内容不但可以带来订单，还能将品牌、商品推广出去。纵观现今的电商行业，"内容为王"大势所趋，很多电商企业用内容来提高品牌知名度、美誉度，带动商品宣传、推广和营销。

**案例分析** 腾讯的互动游戏内容

腾讯作为中国领先的互联网公司之一，也是早期的电商企业，只不过销售的是一种无形的商品——互联网服务。例如，腾讯开发过很多经典的游戏，这些游戏娱乐性、互动性极强。正是这些游戏产品使腾讯与消费者建立了牢固的情感纽带，奠定了其最初的用户基础，并大幅提升了腾讯这一品牌的曝光率和知名度。

实际上，腾讯在创造有价值、有吸引力的内容方面并不局限于游戏产品，还包括社交、培训、教育、办公等多条产品线，这些都深度满足了用户的需求，并成功地让大量用户对腾讯品牌产生了深厚的情感依赖。这种策略不仅有效地提高了用户的参与度，还显著增强了品牌的市场影响力。

**案例分析** 小红书的 UGC 内容推广

小红书是一个具有强大社交属性的内容电商平台，其运营核心在于用户生成内容（UGC），致力于带动最广泛的用户群体参与其中，自己生产内容，自己消费内容。小红书积极鼓励用户发布图片、文字、视频等多种形式的内容，分享个人的购物心得和商品评价，以此吸引并激发更多用户的参与和关注。同时，小红书将用户生成的内容与商品信息紧密结合，构建出既有趣又实用的购物指南。

此外，小红书利用先进的数据分析技术和个性化推荐算法，能够精准地将用户的购物需求与商品进行匹配，从而为用户带来更加优质的购物体验。这种以 UGC 内容推广为主导的运营模式，无疑对提升电商平台的转化率和用户黏性起到了积极的推动作用。

由此可见，内容电商正成为电商转型和升级的下一站。在流量主导的电商初期阶段，即电商 1.0 时代，成交额主要依赖流量的多少。拥有更多流量的商家能够卖出更多的商品，提升品牌知名度，并在市场竞争中占据有利地位。

传统流量被称为"干流量"，而由内容产生的流量则被称作"湿流量"。与干流量相比，湿流量的质量更高，用户留存能力更强。随着流量红利逐渐消失，内容这种湿流量正在取代干流量，成为电商吸引顾客的关键手段。内容电商的核心在于内容本身，虽然内容并非新概念，但它实际上一直贯穿于电商运营的整个过程。然而，长期以来，内容与品牌、商品并未完全融合，因此其潜在价值尚未得到充分挖掘。

以淘宝为例。过去，当消费者访问淘宝网时，看到首页充斥着大量的商品促销信息，包括商品图片、特色功能介绍、价格等。消费者要想寻找心仪商品必须从海量信息中筛选一番，这也使得整个购买过程既烦琐又低效，体验也很差，导致消费者黏性不高，复购率低。

为了改善消费者的购物体验，淘宝开始尝试改进和优化。最具代表性的举措是增加首页的内容含量，不仅展示商品信息，还提供了与商品紧密相关的内容。这些内容为潜在消费者提供了明确的决策依据，大大降低了消费时间成本，提升了消费体验。消费者进入店铺后，可以看到与商品相关的内容，甚至还有非常具体的购买建议。在内容的引导下，消费者不仅能够了解商品的外观、功能和使用方法，还会在不知不觉中认可并接受商品，整个购物过程变得轻松愉快。

由此可见，内容这种"湿流量"对商品销售的促进作用是间接的，但效果更为显著。这也是传统电商纷纷向内容电商转型的主要原因。

# 1.2

## 内容电商随着社交自媒体而来

随着自媒体、社交平台的兴起，内容电商正逐渐成为电商新宠。与传统电商不同的是，内容电商将商品推广与内容创作巧妙融合。商家不仅仅是商品的销售者，更是内容的创作主体，通过提供高质量的内容，为消费者带来全新的消费体验。

### 1.2.1　内容电商的内涵

内容电商通过精心制作、扩散和传播内容，间接激发消费者的购买兴趣，进而促成购买行为。其核心在于利用内容作为桥梁，将内容创作与消费行为紧密相连，构建一个良性的营销循环，实现企业业绩的长期持续增长。内容与消费的关系如图1-1所示。

图1-1　内容与消费的关系

内容电商作为内容创作的主体，其发展离不开社交平台的繁荣。微信、抖音、小红书、快手等平台为内容创作提供了广阔的天地，通过分享生活琐事、专业知识、购物心得等内容，吸引了众多消费者的注意力。这些消费者同时也是潜在的商品购买者，他们对内容的互动和接受，间接提升了对商品的认可度和信任度。当商家推荐商品时，消费者往往因这种认可和信任而产生购买欲望，从而轻松实现从内容到商品的转化。

因此，我们可以这样定义内容电商：它是一种通过创造多种形式的内容，来增强消费者对企业、品牌和商品的认可度与信任度的电商模式。具体来说，可以从以下 3 个方面来理解内容电商。

### （1）内容形式

在内容电商中，"内容"形式多样，不仅包括图片、文字，还包括音频、视频和互动问答。这些丰富的内容形式使得内容电商能够触及更广泛的用户群体，并满足不同用户的个性化需求。实际上，在实际应用中，各种形式的内容往往是相互融合的。例如，文字中嵌入互动问答、图文结合、文字与音频或视频的结合等，都是常见的内容创作手法。

### （2）内容生产

内容创作出来之后，关键在于传播，让更多人接触到这些内容。对于大多数商家而言，创作内容相对容易，但如何有效地传播内容则是一大挑战。这也是内容电商发展受限或许多传统电商转型不成功的主要原因。

### （3）内容转化

电商运营的三大目标是：吸引潜在消费者的访问量；培养消费者的忠诚度；提升销售转化率。在评估运营成效时，仅依赖曝光量、阅读量和用户数量是不够的，必须同时考虑转化率以及由此带来的销售总额。如果流量未能有效转化为销售量，内容创作的质量就成为关键因素。

## 1.2.2　内容电商的优势

相较于传统电商，内容电商的最大优势在于其不再单纯聚焦于商品本身，而是通过融入更有趣味性的内容，以内容为媒介间接促进商品的推广和销售。这种优势可以体现在商家、消费者两个层面。

### （1）对于商家而言

内容电商有全新的营销途径和更精准的用户触达方式。通过平台，商家不再仅仅依赖传统的广告和促销活动来吸引消费者，还可以通过创作和分享高质量的内容，如商品使用教程、行业资讯、用户故事等，来吸引潜在消费者的注意。这种方式不仅能增加消费者对企业、品牌、商品的了解程度，还能提高忠诚度和黏性，从而促成更多的复购行为。

商家通过内容可以更好地理解消费者的需求和偏好。在内容创作和分享过程中，商家可以收集和分析消费者反馈，不断优化商品和服务，以满足消费者的个性化需求。这种数据驱动的营销策略能够显著提高商家的市场敏感度和竞争力。

此外，内容还为商家提供了更广阔的市场空间。通过内容传播，商家可以突破地域限制，触达更广泛的潜在消费者群体。同时，内容电商还具备社交属性，商家可以利用社交媒体的力量进行口碑营销，进一步扩大品牌影响力。

### （2）对于消费者而言

对于消费者而言，内容电商的优势主要体现在购买成本、购买体验上，具体如图 1-2 所示。

图 1-2　内容电商对消费者的两个优势

① 购买体验更好。在内容电商环境里，消费者在购买商品的时候通常是看直播或阅读精美文章，因此，很大程度上可以让消费者从购物的急切心态中脱离出来。从这个角度看，内容电商购物的体验往往更好，这与传统货架式电商购物体验是非常不同的。因为，当消费者在浏览内容时，并不会刻意进行购物决策。在这种心态下，购物的整个心理、选择标准和决策方式都会发生巨大的变化。

② 购买成本更低。很多人有这样的经验，在浏览传统电商平台时，往往会被琳琅满目的商品、毫无章法的信息所困扰。从海量的商品里挑选到心仪的商品是非常不容易的，有时候即使消费者挑选几个小时都无法找到心仪的商品。

而在内容电商环境下则不同，内容电商是个性化电商，常常有专业买手，买手可以帮消费者严格筛选商品。

小红书是一个内容型平台，平台上有很多内容电商方面的文章或视频，一些专业或非专业的买手会对各种商品进行测评、试用、试吃、试玩。例如，很多消费者不知道应该如何选择洗衣粉，这时，就有一些商家自己或联合网络红人、博主先试用，然后分享试用后的感受，并将感受发布在平台上供其他消费者阅读，如图1-3所示。

**图1-3　关于洗衣粉的测评文章**

内容电商通常会对目标商品进行提前甄选，消费者只要下单即可，大大节省了购买成本、时间、精力，还可避免走弯路。在传统电商中，消费者要想购买一个商品往往需要先在搜索栏搜索关键词，然后再筛选出心仪的商品，进行一番筛选、比价后才能购买。从这个角度看，内容电商较之传统电商有巨大优势，更容易获得消费者的认可。

# 1.3
# 内容电商与传统电商的差异

内容电商与传统电商的差异主要体现在消费场景、运营逻辑、管理重点和变现模式上。具体内容如表1-1所示。

表 1-1　内容电商与传统电商的差异

| | 内容电商 | 传统电商 |
|---|---|---|
| 消费场景 | 以内容吸引用户 | 侧重商品搜索、推荐 |
| 运营逻辑 | 强调内容创造传播 | 注重商品展示优化 |
| 管理重点 | 重视创作者培养管理 | 关注供应链与库存 |
| 变现模式 | 广告、合作、付费等 | 商品销售、平台佣金盈利 |

## 1.3.1　消费场景的转变：从机械陈列到个性推荐

内容电商相较于传统电商，最显著的区别体现在消费场景上。传统电商的消费场景基于传统货架，商家陈列商品供消费者被动浏览，消费者需自主判断并做出购买决策。在此过程中，消费者往往需经过多番比较与权衡，易陷入选择困境，这构成了传统电商模式的一大局限。

在内容主导的电商消费场景中，消费者无需为挑选商品和比较价格而烦恼，可通过先前购买者的推荐、解读（如商品功能、价格及优势等）及科普，做出更科学、更深入的购买决策。

为了清晰地了解传统电商与内容电商在消费场景上的差异，以下以小红书上的一篇热门文章为例进行分析。

> 案例分析
>
> 　　文章作者是一名测评类博主，他创作了一篇测评类文章。在这篇文章中，作者基于自己亲身体验和深入研究，对市面上 18 款不同品牌的防晒霜进行了全面的分析和评价。作者不仅详细描述了每款防晒霜的性能特点，还从成分、质地、防晒效果、持久度等多个维度进行了细致的比较。通过这种深入的剖析，作者实质上扮演了内容电商的角色，为消费者提供了丰富的第一手资料。
>
> 　　在文章中，作者分享了自己亲身使用过的防晒霜，详细记录了使用过程中的感受和效果。他不仅分享了商品的优点，也不避讳地指出了商

品的不足之处，从而为其他消费者传递了真实可靠的商品信息。通过这种方式，作者帮助消费者更加全面地了解这些防晒霜，从而在购买时能够做出更为明智和理性的决策。

假设有一位对防晒商品感兴趣的消费者，偶然间浏览到了这篇文章。通过仔细阅读作者的测评内容，这位消费者能够更加深入地了解这些防晒霜的详细信息。文章中不仅包含了精美的商品图片，还有详尽的文字描述和专业的推荐建议。这些内容能够在第一时间成为消费者的参考依据，帮助他们在短时间内迅速做出购买决定，避免在琳琅满目的防晒商品中迷失方向。通过作者的测评，消费者能够更加自信地选择适合自己的防晒霜，从而在享受阳光的同时，也能有效保护自己的皮肤。

这种购物方式相较于传统电商有着显著的差异。内容电商将消费场景从商品货架转向商品的间接使用场景，显著提升了消费者的购物体验，大幅减少了购买时间和成本。

## 1.3.2　运营逻辑的变化：从流量驱动到内容为王

除了消费场景的差异，内容电商与传统电商的区别还在于运营逻辑的不同，即从追求流量获取转变为专注于内容运营。传统电商的运营重点在于获取流量，通常通过搜索引擎优化（SEO，Search Engine Optimization）、搜索引擎营销（SEM，Search Engine Marketing）以及电子邮件营销等策略，吸引潜在消费者。在积累大量消费者之后，再引导他们转化为实际购买者，从而完成交易。

相比之下，内容电商以内容为核心，运营的重心转移到了内容创作上，这取代了传统电商以流量为中心的运营逻辑。内容电商依靠富有吸引力、高质量的图文和视频内容来吸引消费者。此外，内容电商强调社交互动性，显著提高了消费者的忠诚度。在这种模式下，内容电商实现了从流量驱动向内容驱动的转变。

> **案例分析**

某旅行社的小红书账号曾发布过一篇文章《北疆冬季8天7晚》，该文章就是典型的内容电商内容运营，如图1-4所示。

该文章通过介绍新疆冬季美丽的风光，吸引潜在消费者关注，并为他们提供详尽的冬季新疆旅行攻略，进一步激发他们的兴趣。文章强调"纯玩0购物""价格优惠""一对一咨询服务"等细节，引导看到这篇文章的人主动咨询或留言，以实现转化并达成订单。即便未立即促成交易，优质的内容也能赢得消费者的认可，为未来发展奠定基础。总之，优质内容是连接消费者与商家的重要纽带。

图1-4　某旅行社的内容营销内容

相比之下，传统电商侧重利用站外流量吸引消费者，然后被动地向消费者推送商品信息。

**案例分析**

某电商平台"硬性"推广儿童餐盘，通过展示商品图片和文字、特色、促销活动等信息，促使消费者购买。推广信息如图1-5所示。

然而，这种方式存在缺陷，例如成本高、有时间限制等。若消费者在活动期限内无购买需求，便不会购买，这样的优惠无疑也是无效的。简而言之，传统电商靠流量吸引消费者的方式局限性很大。

图1-5　儿童餐盘在某电商平台的
"硬性"推广

通过两个案例的对比可以看出，传统电商与内容电商虽然都是以成交为最终目的，但运营逻辑完全不同。内容电商注重运营内容，建立品牌与消费者之间的长期关系，而传统电商更关注单次交易。

## 1.3.3　管理重点的演进：从商品交易到用户关系深化

在管理方面，内容电商与传统电商存在显著差异。传统电商的管理主要集中在商品交易上，通过精确提炼商品卖点、优化关键词搜索等策略，引导消费者快速找到并购买目标商品。然而，这种模式由于缺少对消费者深层次关系的培养与维护，往往限制了二次销售的机会。

相比之下，内容电商的管理更侧重与消费者关系的构建。在销售商品之前，商家会深入分析消费者的心理和动机，科学预测他们的潜在需求，并在建立良好的关系之后，再寻找交易的机会。这种策略的转变使得管理的重心从"商品交易"逐渐转移到"维护用户关系"上，通过提升用户黏性来提高订单转化率。

**案例分析**

> 某品牌于 2018 年创立，是一家专注于家庭健康电器研发、生产、营销及销售的一体化运营企业。该品牌在小红书平台上成功构建了内容电商渠道，其策略核心在于主动调整管理重心，由原先侧重商品研发与生产，转向提升用户体验及强化用户关系。其中，与契合度高的博主进行深度合作成为其典型举措。例如，小红书上一位粉丝数量虽不庞大但忠诚度极高的美食博主，发布的内容多从妻子视角出发，记录每日为上班族丈夫准备餐食并送餐的温馨场景，深度吸引了上班族及家庭主妇等用户群体。
>
> 该品牌意外发现，该博主的粉丝群体与自身品牌的潜在用户群体高度一致。具体而言，该品牌倡导的"减少外卖，倡导健康生活，即便工作再忙也要注重饮食"的理念，与该博主的昵称、视频内容及所宣传的生活理念高度契合。
>
> 基于此，双方建立了合作的基础，并开始携手合作。随后，该博主的视频内容中频繁出现该品牌的身影，粉丝们经常能在视频中看到该品

牌榨汁机的镜头，并伴随着博主对商品的使用体验分享。通过这种互动方式，粉丝们对该博主的认同感和信任感逐渐转移到了品牌上，进而促使相当数量的粉丝成为该品牌的潜在用户。

这正是内容电商优势之所在，通过精心策划与制作的内容，有效降低了消费者对商品的抵触情绪。消费者在对内容喜爱及对内容创作者建立信任的基础上，对品牌与商品的警觉性逐渐减弱，进而自发地完成购买行为。

通过上述案例可见，内容电商更加聚焦于用户，强调构建品牌与消费者之间的信任纽带。在某种层面上，内容电商可被视作商家与消费者之间的"双向互动与靠近"。相比之下，传统电商则更侧重商品本身的运营，旨在为消费者提供便捷的购买渠道。

## 1.3.4 变现模式的拓展：从单一到多元的突破

内容电商与传统电商在变现模式上也有区别。传统电商变现途径比较单一，主要通过商品销售实现盈利，依赖商品成交的方式较为单一。而内容电商变现方式则更为丰富，通过有趣且实用的内容，以广告植入、付费阅读、加入会员等多种方式来变现。内容电商的变现途径主要有以下六种。

### （1）IP 衍生品变现

IP 衍生品变现模式已成为内容电商的一种主要变现途径，它通过将 IP 商品化，利用周边商品实现价值的有效转化，展现出巨大的成功潜力和商业价值。

### （2）买断版权变现

买断版权变现的核心在于 IP，即知识产权。这涵盖了各种发明创造、艺术创造以及商业中使用的名称、外观设计等，通过买断这些 IP 的版权，实现其价值的最大化。

### （3）付费订阅变现

在内容电商变现中，内容与流量相辅相成。内容吸引流量，而流量则进一步彰显内容的价值。内容付费作为最直接的方式，已被众多自媒体平台、社交平台及直播平台采纳，专注于原创内容的生产与价值转化。

### （4）媒体电商变现

媒体电商通过内容引导电商流量，进而销售相关商品。目前，该模式主要集中在时尚、搭配及美妆等女性相关行业。通过社交媒体精心传播内容，展现独特的消费价值观和生活方式，积累用户后，再通过内容引导电商交易，满足深度营销用户的多样化需求。

以美妆行业为例，美妆媒体电商变现模式如图1-6所示。

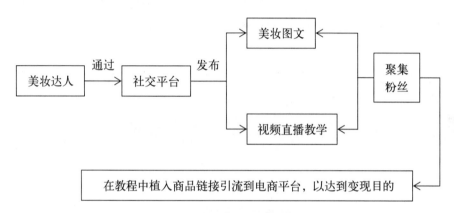

**图1-6　美妆媒体电商变现模式**

很多创新性内容也采取这种模式，将各种流行趋势、资讯、时尚搭配技巧等内容与自己的日常生活相结合。然后在内容中推荐相关的商品，实现电商导流和销售变现。

当然，媒体电商对于内容的要求比较高，具备比较强大的触发用户消费的能力，也就是前面提到的内容变现的最后一步。优质的内容沉淀消费者，然后把消费者与商品之间的链条打通，这样就可以得到标签属性更强的消费者群体，也就更容易实现变现。

### （5）广告形式变现

① 垂直电商领域。在内容电商中，商家更倾向选择垂直领域的内容进行广告投放，内容覆盖旅游、美妆、母婴、健康、户外等众多细分领域。例如，原创母婴动画节目《明白了妈》通过精准的话题植入——"宝妈们囤红糖"，仅在一周内就成功为某古方红糖品牌的红糖套装带来了20万元销售额。

② 娱乐电商领域。泛娱乐领域的广告形式丰富多样，包括专业生产内容、网络综艺、网络剧集等。例如，《奇葩说》等节目，凭借优质内容的支撑成功吸引了大量广告主的青睐，实现了高额的广告收入。

### （6）社群经济变现

社群经济并非简单建立微信群即可盈利，它需要精心规划和管理。在社群稳定并拥有一定受众基础后，可通过收取会员费等方式实现盈利。例如，一些协会是靠收取会员费盈利。这种变现模式的关键在于"聚集力量"，即首先建立一个稳定的社群。社群要有一个强大的组织者，同时还要有一个内容串联受众的共同价值观，与受众进行互动，保持持续的影响，进而围绕品牌或者商品实现商业价值变现。

综上所述，内容电商的变现途径更多元化，侧重通过优质内容输出与用户建立深厚情感联系来提高变现概率。

第 2 章

# 内容规划：
# 做内容如同盖房子，
# 缺乏规划，基石不稳

　　做内容就像盖房子，必须有科学的整体规划，缺乏规划则基石不稳，后面就容易出问题。而有了科学合理的规划做基础，在创作时便能游刃有余，即使内容跨度大，也不会影响整体的传播效果。

# 2.1

# 内容规划的两个关键

内容电商对内容进行规划需做好两项关键性工作：一是深入剖析自身优势；二是对竞品进行详尽分析。通过自我优势分析确立自身的强项和特色，通过竞品分析全面了解对手及其商品特点，从而知己知彼，百战不殆。

## 2.1.1　自身优势分析

合格的内容电商，在做内容之前需对自身的优势有清晰且深刻的认知，可以找到"人无我有，人有我优"所在。那么，如何发现、挖掘自身优势呢？可以从以下两个方面入手。

### （1）找到擅长的内容类型

当前，自媒体上各个领域的内容都有同质化倾向，无论内容类型、形式、结构、视觉效果都大同小异。因此，必须找到一个自己最擅长且与同领域有差异化的内容。在寻找这样的内容时，可以通过表 2-1 所列的四个维度去思考。逐一分析自己比竞争对手更擅长什么，从而确定自己的优势。

表 2-1　确定输出内容的四个思考维度

| 思考维度 | 含义 |
|---|---|
| 表现形式 | 包括真人出镜、图文 + 语音、动画 + 语音、纯图文以及 vlog 等 |
| 风格类型 | 包括搞笑、剧情、情感、测评、解说、干货、榜单等 |
| 内容结构 | 线性结构：适合讲故事、剧情类内容；<br>非线性结构：适合干货分享、教程类内容；<br>模块化结构：适用于多个独立测评或多个独立知识点的讲解；<br>对比结构：通过对比不同观点、商品或方法，突出商品优点，适用于测评类、解说类内容； |

| 思考维度 | 含义 |
|---|---|
| 内容结构 | 问答结构：通过提问和回答的方式展开内容，增强互动性，如 FAQ（frequently asked questions，常见问题解答）、直播问答等；<br>倒叙结构：适合悬念类、解谜类内容 |
| 视觉效果 | 中国风：深受年轻人喜爱，与现代审美相结合，体现国货品牌的文化底蕴；<br>复古风：通过 20 世纪 20 年代的复古风，营造怀旧感，展示品牌历史感和复古文艺气息；<br>极简风：以信息明确、干净的界面凸显商品质感和品牌调性；<br>科技风：以机械科技、人工智能、城市场景、鲜艳颜色等元素，展示科技色彩；<br>插画风：通过夸张的视觉效果，色彩大胆，吸引眼球；<br>三维场景：以立体感和真实感更强的方式表现商品质感 |

### （2）赋予商品独特的价值

在当前激烈的市场竞争中，商品的价值显得尤为重要，这是凸显其独特性，与竞品形成差异化的关键。为了提升核心竞争力，必须赋予商品独特的价值。这种价值不仅体现在商品本身，还可以通过内容进行价值延伸。接下来，具体分析通过内容赋予商品独特价值的方法。

① 针对消费群体，制定个性化内容策略。了解目标消费者的兴趣、喜好和需求，提供有价值、有吸引力的内容。例如，美妆品牌针对年轻人分享时尚妆容技巧、潮流资讯；科技品牌针对数码爱好者分享商品测评、技术解读。

② 紧跟行业趋势，把握需求规律。敏锐捕捉行业动态，为消费者提供前沿资讯。如科技品牌关注新品发布、技术创新；快消品牌关注潮流饮食、健康生活。

③ 引起情感共鸣，传递商品价值观。内容应关注消费者的情感需求，通过故事、场景等建立情感联系。如快消品牌打造生活场景，带来愉悦、放松的体验；美妆品牌强调自信、美丽的价值观，助力消费者自我成长。

④ 增强互动体验，提高用户参与感。内容营销需要形成互动，通过活动、征集意见、互动问答等，让消费者参与内容创作和传播，提高用户参与度和满意度。

⑤ 拓展内容广度，实现跨界合作。可与其他行业、企业或意见领袖合作，共同创作有趣、有价值的内容。跨界合作有助于提升品牌曝光度，为消费者带来全新的体验和价值。

总之，内容电商在明确自身优势之后，要进一步研究如何提升核心竞争力。通过精准把握消费者需求、关注行业趋势、打造优质内容、传递情感共鸣、增强互动体验以及拓展跨界合作，来赋予商品独特的价值。

## 2.1.2 竞品深度分析

"知己知彼，百战不殆"，此言在内容电商领域同样适用。一旦在小红书、抖音等平台建立账号，预示着我们已确立"战场"。此时，切勿心急火燎地进行内容创作，还有一个重要步骤，那就是进行竞品分析，精准把控竞争对手动向。在具体操作中，竞品分析可以按照图2-1所示的六个步骤去做。

图2-1 竞品分析的六个步骤

### （1）确定竞品范围

在平台上搜索商品相关关键词，筛选出与自家商品有直接竞争关系的账号，并重点关注排名靠前的账号。然后，细致深入地分析竞品的账号内容、用户反馈等，包括账号信息、内容类型、商品特色、内容视觉效果及运营策略等多方面。

### （2）收集竞品相关信息

整理竞品在抖音、快手、小红书、视频号等各大平台上的表现数据，重点研究爆款图文、视频等的大数据。

### （3）确定竞品运营策略

对收集到的大数据进行综合分析，明确竞品的市场定位。市场定位涵盖目标消费者群体、推广渠道等。

### （4）评估竞品优、劣势

对比自家商品与竞品的优势与劣势，分析相同与不同之处。

### （5）制定差异化策略

依据分析结果，制定针对内容电商的差异化竞争策略，包括突出自身不同于竞品的独特卖点、创新内容形式及与用户的不同互动方式，塑造独特的品牌形象等。

### （6）持续监测和优化

竞品分析并非一次性完成，而是一个长期的过程，因此需要持续进行。目的是时刻关注内容电商推广效果，以及市场上是否有最新的竞品出现。

通过以上步骤，内容电商便可以更从容地应对来自同行的竞争，制定合适的实施战略，从而取得竞争优势。总而言之，对同行了解多一点，在具体开展工作时思路就会更加清晰、方法更加有效。

# 2.2

# 内容规划的四大要点

内容规划有四大要点，依次为选题策划、素材搜集、风格塑造以及视觉呈现。这四个要点相互关联，共同构成了完整的内容框架，如表 2-2 所示。

表 2-2　内容规划的四大要点

| 要点 | 地位 | 作用 |
|---|---|---|
| 选题策划 | 内容规划的基础 | 决定内容的主题和方向 |
| 素材搜集 | 内容的支撑 | 确保内容的丰富性和准确性 |
| 风格塑造 | 体现内容的特色和个性 | 增强内容的吸引力和辨识度 |
| 视觉呈现 | 强化内容观看/阅读体验 | 使内容在视觉上更突出和吸引人 |

## 2.2.1 选题策划：打造丰富的内容体系

选题策划是内容规划的起点，内容创作者在进行内容规划之前必须先对选题通盘考虑，精心策划。选题策划的具体工作可以从三个方面入手。

### （1）调查目标受众

选题策划首先应明确目标受众，并通过充分的市场调研、数据分析、结果复盘等，进一步了解目标受众的需求点，从而打造出与目标受众需求高度匹配的内容。

**案例分析**

护肤品牌SK-Ⅱ在对潜在消费者兴趣、需求的把握方面可谓十分精准。SK-Ⅱ天猫旗舰店的宣传页上会有"大红瓶""小灯泡""小布丁"等关键词，其实这些并非SK-Ⅱ对商品的官方称呼，而是消费者出于对这些商品的喜爱而起的昵称。

而SK-Ⅱ为顺应消费者的这一心理，便将消费者为商品起的昵称直接摘录在官方宣传页上，可谓满足了消费者的好奇心。事实证明，这一举措确实有效，直接切中了消费者的痛点。有些商品说明中尽管没提及成分、功效等，但依旧热销，原因就在于此。

SK-Ⅱ品牌正是凭借如此精准的受众需求分析、市场调研，其"生产"的内容在小红书、抖音等平台的美妆领域脱颖而出。再加上主动融入消费者喜欢的元素，有利于品牌更好地被消费者接受，提升消费者对品牌的忠诚度。

### （2）深挖市场、行业需求

在进行选题策划时，对市场、行业的需求研究也是必不可少的，包括竞争对手有哪些新品、采用了哪些新技术、未来发展趋势是什么等，以此确定选题方向。不但可以确保内容有足够的创新力，往往还能引领市场潮流。

在美妆领域有一种护肤理念为"早C晚A"，该理念的首创者是国产美妆品牌珀莱雅。

所谓"早C晚A"，即早晨使用富含维生素C类成分的护肤品，晚上使用富含维生素A类成分的护肤品，能美白亮肤和抗衰老。2022～2023年期间，珀莱雅凭借这一理念，迅速焕发新生。后来，其他品牌也纷纷跟进，类似如"早C晚A花茶""早C晚A果蔬""早C晚A咖啡"等，如雨后春笋般，希望复制珀莱雅的成功。虽然这些模仿者未能超越珀莱雅的辉煌，但也不同程度地引起了更多关注。

珀莱雅独创的"早C晚A"，其实就是一个由特定品牌引发的特定需求。后来很多品牌纷纷跟进证明了这点，尽管推动力有大有小，但都不同程度地影响着品牌销量。这说明，无论是潮流引领者还是跟随者，只要把握住市场总体趋势，就能切合消费者的需求。

### （3）分析对标竞争对手

做选题策划时除了考虑上述两个方面外，还应分析对标的竞争对手。商家必须明白，既然竞争对手的内容能被广泛关注，那一定是优质选题，有较高的参考价值。这时，可多搜集对方的资料，如自媒体账号、有亮眼数据的作品等。分析竞争对手有助于明确自身定位，发现自身差距，在竞争中发挥优势，规避劣势。

执言酒馆，一个被誉为"内容比酒还上头的"酒品牌，以瓶身内容出圈。例如："瓶子开了，故事就关不住了。""只有16%的酒精度，却有100%的情绪。""别和往事过不去，因为它已经过去；别和现在过不去，因为你还要过下去。""那些被忽略的琐碎与点滴，才是生活中最明亮的勇气。"执言酒馆对标的是江小白。江小白之所以能在市场中迅速崭露头角，主要得益于其独特的内容，这些内容精准捕捉了当代年轻人的情感共鸣。执言酒馆亦采用了与江小白类似的策略，即通过讲述引人入胜的故事和激发情感共鸣，来满足年轻消费者对于个人价值观表达和情绪输出的需求。

执言酒馆同名小红书账号内容如图 2-2 所示。

执言酒馆在借鉴江小白成功经验时并不是简单地复制。其独特之处在于情感上的深入挖掘和放大，擅长调动消费者的情感，将酒与情感紧密结合，通过各种方式不断放大这种情感。可以说，执言酒馆销售的不仅仅是酒，更是消费者心中的那份情感，这种策略有效地降低了消费者对酒本身的关注程度。

在具体实施上，执言酒馆的每一条内容都采用手写体呈现，打破了传统广告内容采用印刷体的常规，增加了内容的个性化与亲和力。瓶身内容则由专人手写，

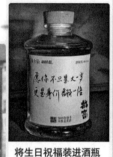

图 2-2　执言酒馆同名小红书账号内容

内容来源广泛，甚至包括消费者发来的感悟，这种互动方式进一步拉近了品牌与消费者之间的距离。

酒作为一种情感载体，与情绪本就有着密切的联系。执言酒馆通过将文字与书法相结合，将情感巧妙地嫁接到酒瓶上，使瓶子外观更具视觉冲击力，更能吸引消费者的目光。这种独特的营销策略使得执言酒馆在酒品牌激烈的竞争中脱颖而出。

## 2.2.2　素材搜集：构建内容的"材料库"

选题确定之后，接下来就是搜集素材，进入具体的创作流程。在这个过程

中，需要创作者对素材及素材来源进行分析，这是搭建好"素材库"的基础。内容电商在构建丰富的内容"素材库"时，要充分认识到这不仅仅是一个简单的信息收集过程，更是一个深度挖掘和精准定位用户需求的过程。

为了打造一个有价值的素材库，内容电商可以从如图 2-3 所示的四个方面入手。

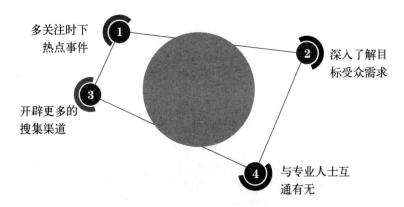

多关注时下热点事件

深入了解目标受众需求

开辟更多的搜集渠道

与专业人士互通有无

图 2-3　打造有价值的素材库的四个方面

### （1）多关注时下热点事件

热点事件总是能吸引大量关注，收集素材时，如果多关注热点事件，可以大幅提升内容的曝光率，带动关心这个事件的人参与其中。寻找热点事件的途径主要有两个：

第一，参考主流热搜榜单。这是获取热点事件最有效的方式。各大平台如微博、抖音等，每日都会更新当前热门话题和事件，这些为我们提供了海量的素材资源。然而，单纯依赖热搜榜单并不足以引起受众的广泛关注，我们需要进一步挖掘与自身业务领域相契合的点，进行深度分析和创新性的内容升级。

第二，密切关注同行动态。这也是寻找热点的重要途径。通过新媒体渠道搜索相关的关键词，我们能够洞察到同行正在关注的议题。这些信息对于我们判断哪些热点具有更大价值，并确定合适的切入点具有指导意义。

需要注意的是，这并不意味着盲目追逐热点。而是要根据自身的商品特性、品牌定位以及目标受众的需求，筛选相关联的事件。同时，这些事件也应当能够自然地与品牌产生联系，能激发潜在消费者的兴趣。

## （2）深入了解目标受众需求

深入了解目标受众对素材搜集至关重要。每个受众群体都有其独特的需求和兴趣点，只有深入洞察这些差异，才能创作出真正与之契合的内容。因此，创作者应当借助大数据分析、用户调研等多种手段，持续挖掘并理解受众的真实需求与兴趣所在，确保作品能够精准满足他们的期待。

## （3）开辟更多的搜集渠道

内容创作素材来源很广，通常可以通过表2-3所列的渠道获取。

表2-3　内容电商创作素材的来源渠道

| 来源 | 分类 | 含义 | 优点 | 缺点 |
|---|---|---|---|---|
| 内部渠道 | 原创内容 | 专门聘请内容撰稿人、摄影师、设计师、视频后期制作人员等，组建自己的内容创作团队，这是目前中小商家普遍使用的内容素材来源 | 生产内容可控性强、独创性强、版权纠纷风险小 | 投入的人力成本高 |
| 外部渠道 | UGC | 鼓励用户生成内容，收集用户评价、分享的照片和视频等，丰富内容库 | 费用低 | 内容不可控、稳定性差、数量少 |
| | 广告公司 | 和广告公司合作，购买高质量内容素材 | 成本规模可控、专业性强、创意性好 | 成本偏高、需求匹配度不高 |
| | 付费内容平台 | 在专业版权内容平台购买高质量的图片、视频、音乐等内容素材 | 质量高、选择范围广、版权纠纷少 | 支付费用较高 |
| | 转载文章 | 直接对其他权威性文章进行转载，作为内容素材 | 费用低、易操作、可选择范围广 | 需要获得原作者授权 |
| | 自由投稿 | 自由撰稿人进行内容创作，通常可到知乎、小红书、Upwork、Fiverr等平台寻找自由撰稿人，或通过熟人介绍 | 性价比高、选择范围广、灵活性强 | 管理难度大、较难找到高质量的自由撰稿人 |

### （4）与专业人士互通有无

此外，与其他领域的专业人士合作也是一个不错的选择。虽然不是同行业同领域，但这部分人往往拥有专业的知识、丰富的经验、敏锐的市场嗅觉，足以为我们提供独特且有价值的灵感启发。通过合作，实现资源共享、互利共赢。

总之，构建丰富的内容"素材库"是内容电商成功的关键。内容电商需要多角度入手，不断挖掘、收集有价值的素材，为创作提供有力的支持。只有这样，才能在激烈的市场竞争中脱颖而出，赢得消费者的持久认可和信任。

## 2.2.3 风格塑造：让内容有性格

内容如人，也是有性格的，有性格才能别具一格。无论是图文内容还是视频、音频内容，形成自己的风格很重要，它直接影响着品牌、商品在受众头脑中的辨识度。而影响内容风格的因素有两个：一个是内容所属平台；另一个是创作者团队或个人。

内容所属平台：每个平台都有独特的用户群体、使用场景和社区文化。例如，在社交性强的平台上，内容往往追求简洁明了，同时注重情感共鸣和视觉冲击力。而在专业性平台上，内容则更加注重严谨性、逻辑性和深度，以满足专业人士对知识和信息的需求。因此，创作者在发布内容时需要充分了解平台特点、用户偏好。

下面以小红书、抖音、快手的内容风格为例进行分析，具体如表2-4~表2-6所示。

**表2-4 小红书的内容风格**

| 项目 | 具体内容 |
|------|----------|
| 受众群体 | 以年轻女性为主 |
| 文化氛围 | 独特的"种草文化"，用户互动性强，乐于在评论区分享使用体验和建议，旨在获取真实的商品测评和使用体验 |
| 视觉风格 | 选用高质量、美观、真实的图片和视频，统一色调与滤镜，强调商品的使用场景和效果 |

| 项目 | 具体内容 |
|------|----------|
| 语言风格 | 采用亲切自然的语气，与用户建立情感联系，激发他们留言、点赞与分享，提高互动度 |
| 写作风格 | 选择能展示商品的详细测评、使用教程以及结合个人生活场景的生活分享，注重内容的真实性 |

表2-5　抖音的内容风格

| 项目 | 具体内容 |
|------|----------|
| 受众群体 | 用户广泛，且较其他平台更"下沉"，更接近大众 |
| 文化氛围 | 侧重信息交流与观点分享，满足用户对时效性和广泛性较高的需求 |
| 视觉风格 | 选用丰富多样、信息丰富、时效性强的图片和视频，视觉效果简洁明了，突出信息，视频内容可结合时事热点 |
| 语言风格 | 专业、严谨、有深度，旨在树立读者信任感和权威性，同时力求简洁，便于快速阅读 |
| 写作风格 | 发布行业领先新闻资讯、详尽的商品测评与推荐、实用的生活技巧分享等，注重实用性 |

表2-6　快手的内容风格

| 项目 | 具体内容 |
|------|----------|
| 受众群体 | 用户广泛，具备明确购物需求 |
| 文化氛围 | 强烈购物导向，用户通过搜索关键词、排序比价、收看直播间来寻找心仪商品，注重购物流程效率 |
| 视觉风格 | 直观展示商品的图片和视频，凸显商品细节和使用效果，直播时注意光线、背景和音效 |
| 语言风格 | 热情、有感染力，激发购买欲望，鼓励用户参与直播互动，解答用户疑问，提高互动性 |
| 写作风格 | 选择与购物密切相关的话题，如商品优势、特点、促销活动，直播时围绕热销商品进行推荐、答疑、开箱等，注重生动有趣、富有感染力 |

创作者团队或个人：每个创作者有自己的独特之处，创作思路、创作水平及习惯不尽相同，所以做出的内容也会带有鲜明的个人印记。这也是两篇类似的文章A、B，用户会看A而不看B，两个相近的视频C、D，用户会看C而非D的原因。正如在现实中我们结交朋友，为何选择这个而非另一个？实际上，很大程度上取决于他们自身。人是有性格的，同理，内容也是有性格的，有性格的内容更容易被受众记住。因此，我们在打造内容时要让内容个性化、独特化。

在让内容更有"性格"上，可以采用以下5种方法。

### （1）打造统一、鲜明的形象

内容的性格源自统一、鲜明的形象。这就像品牌Logo，它是一种标志，可以大幅提升目标受众对内容的识别度，培养受众的阅读（观看）习惯与忠诚心理。

**案例分析**

熟悉李子柒的观众皆了解，其作品无论内容还是画面，均彰显出鲜明的个人特色。不仅展现了传统手工艺与美食制作的高超技巧，更将个人情感、生活感悟及对传统文化的热爱融入其中，实为个人风貌的映射。

在一期节目中，李子柒精心制作了一款古老且独特的茶点——桂花糕。此茶点口感细腻，香甜怡人，且寓意团圆美满。在制作过程中，李子柒亲力亲为，自采摘桂花始，每一步均精挑细选，确保桂花糕的口感与香气。镜头推进间，可见她将采摘的桂花轻柔洗净，晾干后细细研磨成粉，再配以糯米粉、白糖等原料，和成柔软的面团。在此过程中，李子柒始终面带微笑，恬静而满足，每一道工序皆令人心生愉悦。随后进入蒸制环节。李子柒将面团分块置于蒸笼中，以小火慢蒸。蒸汽升腾间，仿佛能闻到厨房内桂花香气四溢，令人沉醉。在等待之际，李子柒开始讲述桂花糕背后的故事，以及她对团圆的向往与对家人的思念。其声音柔和而真挚，触动人心。

当桂花糕终于出锅，整个画面洋溢着温馨与幸福的氛围。李子柒将热腾腾的桂花糕摆上餐桌，轻轻切开一块，展示给观众。那金黄色的外皮、软糯的糕体，令人垂涎。品尝过程中，李子柒再次分享了她对美食与生活的感悟。她认为，美食不仅是味觉的享受，更是心灵的沟通。通过制作与品尝美食，我们能够感受到家人的关爱与温暖，亦能体会到生活的美好与幸福。

纵观整期节目，可见李子柒不仅是一位技艺精湛的手艺人，更是一位情感丰富、思考深刻的艺术家。她将恬静、朴实的性格融入作品之中，使每一道菜品、每一个故事均独具韵味与魅力。

## （2）注重核心价值观的传递

内容的风格塑造说到底就是向目标受众传递某一种价值，从而建立起双方的情感连接。例如，很多电商在宣传自己的商品时十分注重讲述其背后的故事、文化，目的就是通过故事、文化这个大众喜爱的形式传递品牌价值。

**案例分析**

在彩妆界，完美日记独树一帜，其倡导的"每个人都能拥有美丽"的理念构成了品牌的核心价值观。长期以来，完美日记一方面不断追求创新和前沿的设计理念，以敏锐的时尚洞察力为消费者带来一次又一次的惊喜；另一方面，它也致力于培养每位年轻人的审美自信，鼓励他们勇敢地表达自我，欣然接受多元化的现代青年形象。

这一点，在其自媒体平台上也得到了体现，例如在其小红书账号上可以看到类似的内容，如图2-4所示。

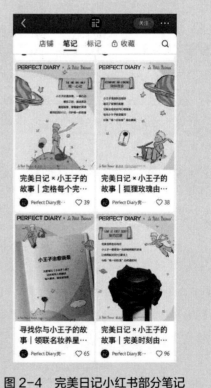

图2-4　完美日记小红书部分笔记

### （3）凸显深度和专业性

有性格的内容不能只流于表面，还要具备深度与广度，能够触动人们内心的共鸣，并引导他们进行深入思考。例如，通过发布专业的商品测评和教程，展示品牌的权威性和专业性。同时，分享真实的用户反馈和体验，塑造一个值得信赖的品牌形象。

**案例分析**

> 小米致力于塑造品牌形象，在内容创作上处处彰显专业性。例如，在小红书上定期发布商品使用心得、技术解读等有价值的内容，让消费者更深入地了解小米商品的优势与特点。邀请知名的小红书博主和KOL（关键意见领袖）进行商品体验，并分享他们的真实感受。这些博主拥有庞大的粉丝基础和广泛的影响力，他们的推荐无疑为小米的商品带来了更多的曝光率和关注度。
>
> 此外，小米还通过小红书平台举办了多场线上直播活动。在这些直播中，小米的工程师、商品经理等会亲自参与，为消费者详细解读商品的设计思路、技术特点等。旨在全面展现其在科技创新和专业技术方面的卓越实力与不懈追求。

### （4）强化持续互动与紧密关系构建

优质的内容必然具备互动性，能够吸引并促使广大受众积极参与其中。同时，我们也应积极鼓励受众进行二次创作，例如分享购买商品后的真实体验、拍摄相关视频或图片等，以此丰富内容的多样性。例如，小米品牌每月定期在小红书平台举办多样化的线上"粉丝节"活动，并设置抽奖环节，此举显著提升了用户的参与度和品牌吸引力。

### （5）实施多平台协同运作战略

为确保同一内容能够在不同平台上实现有效推广，应推行多平台协同运营策略。具体而言，如在小红书平台发布商品测评图文内容后，可邀请主播进行口头宣传，并录制相关短视频素材。随后，这些视频素材将在其他平台同步发布，以拓宽传播范围，增强影响力。若企业设有官方网站，则应在网站上清晰展示各平台的相关信息，彰显商品在各平台的广泛覆盖与影响力，进而提升企业的信誉度与知名度。

## 2.2.4  视觉呈现：好的内容引人注目

在内容"生产"完成后还有很关键的一步，就是如何有效地展示它。确保内容以最理想的形式呈现给目标受众，是内容规划中不可或缺的一环。

内容的呈现方式在很大程度上影响着其传播效果。以图文内容为例，图文结合的方式相较于纯文字内容，更能吸引受众的注意力。研究显示，人类大脑在处理信息时，为了便于理解和记忆，会将文字信息先转换为视觉信息。而直接接收视觉信息则省去了这一转换步骤，使得信息的接受度更高、速度更快。

例如，当内容中融入丰富的视觉元素时，其辨识度和可读性都会显著提升，更容易引起受众的关注，并且能够以较低的成本被理解和接受。因此，内容创作者在向目标受众展示内容时，应选择最易于理解和接受的方式。那么，内容的展示方式有哪些呢？如图 2-5 所示。

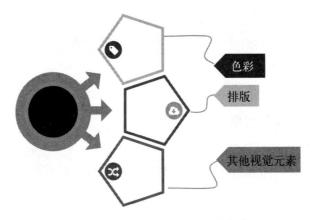

**图 2-5  增强内容视觉呈现的方法**

（1）色彩

在视觉呈现中，色彩扮演着至关重要的角色。不同的色彩搭配对人的心理有不同的暗示作用。因此，创作者必须根据内容的具体性质和风格，精心挑选和搭配颜色，以赋予内容更加生动鲜明的视觉效果。

尤其是在视频中，色彩亮度、对比度对视频效果的影响更大。例如，暖色调可以营造温馨、活跃的氛围，而冷色调则可以传达冷静、沉稳的感觉。此外，色彩的对比度不仅影响视觉清晰度，还能引导观众的注意力，突出视频中的重要元素。因此，视频制作者需要精通色彩理论，选择合适的色彩方案，巧妙地设置亮度、对比度，增强视觉效果，提升观众的观感体验。

### （2）排版

排版主要运用于图文内容中，是其视觉呈现的关键组成部分，版式的设计直接影响内容的可读性，进而影响观众的观看或阅读体验。因此，创作者需要根据内容的结构层次和重点信息，进行周密的版式设计，确保内容既美观又易于阅读。

排版在视频中的运用主要体现在画面构图上。所谓的画面构图其实就是一系列的拍摄方法，具体是指将画面中的线条、形状、色彩、质感、空间和光影等元素，以及它们之间的相互关系和比例，通过一定的规律、美学原则进行组织和安排，以达到视觉上的平衡和美感。好的画面构图可以引导受众的视线，突出主题，增强画面的表现力和感染力。例如，黄金分割构图法是指使用黄金分割比例来安排画面中各元素的方法，可以创造出和谐而引人注目的视觉效果。三分法是一种将画面分为九宫格的构图方式，将主体放置在交点或线上，可以有效地平衡画面，使视频内容更加生动有趣。此外，动态版式设计，如镜头的移动、缩放和过渡效果，也是视频版式设计中不可或缺的一部分，能够增强视频的动态感和节奏感，使观众在观看过程中保持兴趣和注意力。

常用的画面构图法如表 2-7 所示。

**表 2-7　常用的画面构图法**

| 方法 | 详细内容 |
| --- | --- |
| 黄金分割 | 利用黄金分割线将画面分为两部分，比例为 1∶1.618，将主体元素放置在黄金分割点上，这种比例被认为是最能引起视觉美感的，既能使画面稳定、充满活力，又能引导观众的视线，增强画面的吸引力和表现力 |
| 三分法 | 将画面分为九宫格，主体元素置于交点或线上，以达到平衡而引人注目的效果 |
| 对称与平衡 | 通过在画面中创造对称元素或平衡的视觉重量，来达到和谐统一的视觉效果 |

| 方法 | 详细内容 |
|------|----------|
| 领导线构图 | 利用画面中的线条引导观众的视线,增强画面的深度和动态感 |
| 框架式构图 | 通过前景中的框架元素来框住主体,增加画面的层次感和深度 |
| 视觉焦点 | 将观众的注意力集中在画面的特定区域,通常通过对比、色彩或光线来实现 |
| 填充构图 | 通过紧密排列的元素填满整个画面,创造出丰富而复杂的视觉效果 |
| 留白 | 通过在画面中留出大量空白区域,强调主体元素,创造出简约而有力的视觉冲击 |

### (3)其他视觉元素

其他视觉元素如图片、图标、装饰图等,这些元素的综合运用,与文字、画面内容相辅相成,可以显著提升内容的视觉吸引力,提高信息传达效率,直观地传达内容中的核心信息,帮助受众更快地把握内容主旨。因此,在视觉传达过程中,综合运用多种视觉元素至关重要。

综上所述,内容的视觉呈现是一个综合性的过程,需要在色彩搭配、排版设计、视觉元素运用等方面进行深入的探索和精心的策划,以确保最终的视觉效果能够满足预期目标。

# 2.3

# 内容规划最易陷入的四大误区

## 2.3.1 误将平台当企业官网来运营

在内容规划中,部分内容电商会陷入一个误区,将抖音、小红书、视频号等平台视为企业官网或传统平台,无差别化运营,这是错误的做法。这个认知上的误区不改变,不仅削弱了内容的效果,还可能导致兜兜转转重新回到传统电商那一套运营逻辑中去。

企业官网通常是传递企业信息、展示商品特色的平台。而自媒体平台则是一种自由表达、互动性强的媒介，强调内容的趣味性、互动性。因此，在抖音、小红书等自媒体平台上，官方的声音应当适度弱化。

**案例分析**

以某国际知名护肤品牌为例，该品牌在初期进入小红书时，错误地将平台视为企业官网，发布内容围绕企业公告、商品信息和公司新闻等。由于内容错位、缺乏趣味性等，用户参与度极低，推广效果远未达到预期。该公司高层在意识到这个问题后迅速调整策略，开始发布护肤教程、技巧等更贴近消费者的内容；同时，邀请美容领域的博主分享使用体验，带动消费者参与。还定期举办有奖互动活动，鼓励用户留言、分享使用体验。这些改变显著提升了消费者的热情，使得该品牌在小红书上的内容电商账号的各项数据得到显著改善。

因此，在规划自媒体内容时应当遵循有趣、有用、互动性强的原则，而非机械地传递企业或商品信息。只有激发用户的兴趣，才有可能将他们转化为品牌的忠实消费者。

## 2.3.2 内容与商品脱节或结合得不精准

内容规划的第二个误区是规划的内容与品牌、商品脱节，未能有效地将品牌、商品融入其中。这种现象导致消费者在浏览内容时，难以联想到品牌和商品，进而削弱了购买意愿。

**案例分析**

以小红书上的一款高端美容仪为例，该品牌曾试图通过发布大量美容技巧内容来吸引消费者。但是，由于这些内容与商品特性及用户需求的结合不够紧密，其效果并不显著。事实上，该品牌发布的内容多为泛泛而谈的护肤攻略，未能精准且有效地展示出自家商品的独特功能和使用效果。这导致用户在浏览这些内容时，难以将之与美容仪商品本身联系起来。尽管该品牌的笔记获得了许多对美容感兴趣的用户的点赞和转发，但订单转化率极低，投资回报远未达到预期。

上述案例深刻反映出在进行内容规划时，不应忽视内容与商品之间的关联度。在内容规划过程中，应巧妙地将商品特性融入内容之中，通过场景化展示和商品使用示范等方式，实现内容与商品的紧密结合。例如，京东电器在抖音上不仅发布商品测评，还精心展示了家电在实际生活中的使用场景与效果，既保证了内容的趣味性，又使用户能够更直观地了解商品的使用效果，进而促进用户的购买决策。

### 2.3.3 内容无法持续输出，缺乏连贯性

优质内容的创造并非一朝一夕之功，而是一个不断努力的创作过程。许多人在起步阶段能够创作出高质量且引人入胜的内容，但持续输出却是一大挑战。这主要归因于创意的枯竭和资源的匮乏。一旦内容创作无法持续，用户互动率便会下降，吸引新消费者也将变得困难。

**案例分析**

某品牌为了推广其商品，在小红书、淘宝等平台同步开设了账号。起初，通过精心策划的一系列生活方式指南和商品推荐内容，成功吸引了大量用户的关注，订单转化率也相当可观。然而，随着时间的推移，该品牌在后续内容创作上未能保持起初的高质量，特别是在内容驱动型的小红书平台上，面对用户期待的不断提升，该品牌发布的笔记内容逐渐变得同质化，缺乏创新。在抖音平台，由于算法倾向推送新鲜、热点内容，该品牌因内容创新不足而逐渐失去了平台的流量支持。同时，在淘宝平台，该品牌店铺的直播带货环节也因缺乏独特内容支撑，难以维持观众的兴趣，转化率急剧下降。

尽管初期积累了大量用户，但内容创作的断层导致用户活跃度和参与度明显下降，品牌忠诚度未能有效转化为持续的购买行为。由此可见，持续产出高质量内容对于内容电商账号的运营至关重要，以确保平台持续提供流量，并持

续吸引用户关注。

## 2.3.4　内容运营者缺乏专业素养

内容规划中一个常见的误区是运营者对所规划领域不熟悉，这无疑是致命的缺陷。这种状况会导致运营者难以创作出吸引目标受众的内容，内容缺乏深度和权威性，难以准确把握用户的真实需求和痛点，难以引起共鸣，从而难以达成最终的交易目标。

**案例分析**

以小红书、抖音、淘宝等为代表的内容电商平台为例，某护肤品牌曾借助创新的商品理念和知名KOL的推广，在短时间内获得了广泛的关注和销量。然而，该品牌的运营团队在美容仪器领域的专业知识不足，导致在内容创作上频繁出现技术性错误和误导性信息。具体来说，在小红书平台发布的护肤教程中，推荐的使用方法与商品设计初衷相悖，引发了消费者的困惑和不满；在抖音平台发布的文章虽然点击率较高，但因美容效果宣传缺乏科学依据，遭到了专业人士的批评；在淘宝平台的直播带货中，主播对商品的工作原理及适用肤质的描述含糊不清，进一步削弱了品牌的可信度。最终，该品牌的口碑迅速恶化，销量大幅下滑。

这表明，即便拥有优质商品，如果品牌运营者对其所在行业的专业知识掌握不足，也将在内容电商领域遭受重大挫折。这进一步凸显了专业性与真实性在品牌构建及消费者维护中的核心地位。

...

# 第3章

# 内容创作：
# 任何内容的爆火都不是
# 偶然，而是有章可循

做内容关键在于持续地输出，许多内容电商之所以高开低走，正是因为随着时间的推移内容枯竭，或者品质大幅下降。高效的创作绝不能凭一时兴起，而是需要建立一套自己的规则和方法论，以确保内容的高产，从而让关注内容的用户逐渐形成对品牌的信赖和依赖。

# 3.1

## 内容创作步骤

一篇爆款文章、一条爆款视频的诞生，与其创作技巧紧密相关。内容创作的五个步骤如图 3-1 所示。

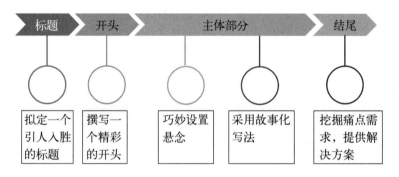

图 3-1　内容创作的五个步骤

### 3.1.1　拟定标题：引人入胜，事半功倍

英国广告巨匠大卫·奥格威在其经典著作《一个广告人的自白》中明确指出："标题在大部分广告中是最重要的元素，能够决定读者会不会看这则广告。一般来说，读标题的人比读内容的人多 4 倍。换句话说，你所写标题的价值将是整个广告预算的 80%。"这一观点对内容电商同样具有指导意义。对于内容电商而言，优质的内容是其赖以生存和发展的基石，而标题则是优质内容的点睛之笔。

标题写得好，事半功倍，这不仅仅是一句空洞的口号，而是无数创作者经过实践得出的深刻体会。一个好的标题如同文章的眼睛，能够迅速吸引读者的注意力，并引导他们深入阅读。因此，内容电商不仅要关注内容的整体质量，更要注重标题的拟写。那么，如何才能写出一个好的标题呢？需要遵守如图3-2 所示的四项基本原则。

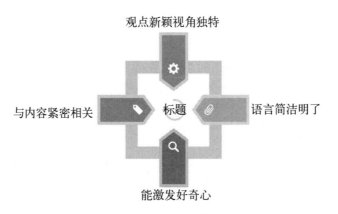

**图 3-2　拟写标题的基本原则**

### （1）观点新颖，视角独特

一个标题最核心的是其表达的观点，观点新颖、有创意才能马上引起大多数人的关注。反之，会沉入茫茫信息的大海，很难脱颖而出。

### （2）语言简洁明了

在信息爆炸的时代，人们获取信息的成本越来越高，冗长、复杂的标题会大大增加信息的获取成本。相反，语言简洁明了则更容易被大众理解。

### （3）能激发好奇心

好的标题应能激起人们的好奇心，促使人们产生强烈的阅读欲望。这需要运用修辞手法，如设问、反问、比喻等，使标题更加生动有趣。

### （4）与内容紧密相关

有些创作者为追求点击量，常常使用标题来制造噱头，这种做法虽然能吸引一时的目光，但完播率往往很低，从长期来看不利于内容的传播。

拟写标题，在遵守以上原则的同时还得注意使用技巧，多使用一些让标题"亮眼"的元素（表3-1）。

**表 3-1　亮眼标题的六个元素**

| 元素 | 含义 | 举例 |
|---|---|---|
| 成语谚语 | 巧妙融入成语、谚语，或对其进行拆解与趣味解读，不仅能够增加标题的吸引力，还能有效传达文章的核心主题 | 例如，某美食博主的一篇文章标题为"可以废寝，但不可以忘食" |

| 元素 | 含义 | 举例 |
|---|---|---|
| 故事 | 在标题中融入故事，可以通过故事传递出某种情感，从而引发情感共鸣，拉近品牌与消费者之间的心理距离 | 例如，关于椰岛酒店内容的标题为"风吹过，我在椰岛等你"，营造出浪漫的海岛邂逅故事 |
| 数字 | 相较于文字，人的大脑对数字更为敏感，在标题中加入数字会起到事半功倍的效果，这也是很多爆文取标题的常见技巧 | 例如，某美食博主的文章标题为"100个美食内容，句句看见味道"，数字既传达出文章的主要内容，又给人一种全面、系统的感觉，让人感觉值得一读 |
| 符号 | 在标题中巧妙运用符号，如感叹号用来引人注意，问号用来提出疑问，省略号用来引人好奇，双引号用来强调等 | 例如，标题"今年失去了再买眼霜的欲望……"，省略号营造出一种将说未说的悬念，吸引用户点击继续看下去 |
| 热门话题 | 标题中加入热门话题可以借助其天然的流量优势，加大品牌内容的曝光与宣传力度 | 例如，某品牌发文标题为"××商品，请多指教"，明显是借助热播电视剧的热潮 |
| 用户需求 | 标题中切中用户需求，同时提供解决方案，直接满足用户的需求 | 例如，标题"脸色暗黄？亲测，超有效的祛黄方法送上！"切中用户需求痛点，先吸引关注，再给出解决办法，让用户点击进入 |

## 3.1.2　设计开头：开宗明义提出独特见解

一项研究表明，人在阅读文章时通常会在极短的3秒内判断文章是否值得一读。3秒时间，充其量只能看一眼标题或开头，也就是说，一篇文章无论篇幅多长，大多数人只看一眼标题或开头就会决定是否继续看下去。这一研究也给内容创作者一个重要提示，那就是必须重视开头。无论文章还是视频，都必须确保开头有足够的含金量。

好的开头不但可以迅速捕捉受众的注意力，更重要的是能让他们感受到内容的价值所在。写好的开头最常用的一种方法就是开宗明义，直截了当地提出自己的独特见解。例如，在撰写使用某商品的亲身体验类文章或制作类似的视频时，开头部分就要直接写使用感受、好处是什么，精准地迎合用户希望进一步了解该商品的心理。

　　为在最短时间内吸引阅读或观看，创作者必须在文章或视频开头直截了当地提出独特而引人深思的观点、主张。那么，具体应该如何做呢？

　　首先要明确观点、主张是独特的，具有深刻的警示、启发意义。它可以是一个颠覆人们长期以来某个认知的一句话；也可以是一个发人深省的问题，让人们开始重新审视自己的生活、工作或学习。无论是什么内容，它都必须有足够的吸引力，让人的内心为之一颤。为了保证这样的效果，我们需要采用一些策略。例如，引用某个权威人士的话，用他的观点来作为我们主张的支撑；也可以从某个具体案例入手，用生动的描述和细节来引出我们的观点；或者使用对比或反问的修辞手法，来加大主张的力度和深度。

　　但仅提出独特而引人深思的观点还不够，还要在后面的内容中对这个观点加以论证。用事实、数据和逻辑来支持观点的正确性，促使读者信服并接受。

　　同时，创作者也要注意到，一个真正成功的主张，不仅仅是让受众认同，更要能激发他们的思考和行动。因此，在文章或视频的开头也可以提出一些具体的建议或呼吁，促使受众在思考之后做出积极的改变和行动。

　　总之，提出一个独特而引人深思的观点或主张，是打造开头、吸引受众的重要手段。然而，要真正让这个主张产生深远的影响，还需要在后续的内容中进行深入分析和阐述，并激发受众的思考和行动。

### 3.1.3　设置悬念：激发好奇心，提升阅读动力

　　让受众产生阅读或观看欲望，是每一个内容电商打造内容时需要重点把握的一点。制造悬念能够立刻抓住受众的注意力，在创作时要善于用一些方法制造悬念，如提出问题、留下未解之谜或揭示令人惊讶的事实等。这样的开头往往能够引发受众的好奇心，让他们忍不住想要一探究竟。在设置悬念时，可以采用以下 3 种方法。

　　（1）强调未知性

　　悬念便是未知，人对未知的东西往往更感兴趣。也就是说，一篇文章，除了内容创作者本人外，其他人对详情一无所知。欲售米饭，先造饥饿。做内容也是一样的，需要让受众先产生好奇心，脑海中始终萦绕着一个问题：接

下来会怎么样？然后，通过制造受众感兴趣又知之甚少的话题，引导他们继续探寻。

### （2）制造可能性

过度强调未知可能导致受众失去耐心，所以，在设置悬念时要半遮半掩，制造可能性。可在提出未知问题后列举多个可能性，使受众愿意继续阅读，如"下期敬请听我详解""文末将有答案"，或在内容中（视频中穿插）疑问，促进思考，增强互动性。

### （3）赋予压迫感

在"病毒式营销"中，压迫感策略成效显著。例如，某些文章擅长制造焦虑，引导大众持续关注，如"错过即失去"。通过此类手法，悬念将更具吸引力，引导大众继续关注。

总之，在制造富有悬念的内容时，可以从未知性、可能性和压迫感三个方面入手，吸引受众持续关注，提高内容的吸引力。

**案例分析**

> 某品牌在小红书发布了一篇标题为"朋友误判我家为豪宅"的文章。首先，一看标题，便会有"到底是不是豪宅"这样的疑问，有效激发了大家的好奇心。随后，作者在开篇继续设置悬念，以"占地120平方米，实用面积650平方米，5层楼，配备电梯"的简单语言抛出一个个悬念，使网友更加好奇，激发了继续阅读的欲望。紧接着，作者马上揭晓了谜底，这是农村自建房，只是进行了一系列巧妙的设计、装饰，呈现出豪宅般的质感。此时，网友自然会产生第二个疑问：农村自建房如何才能如此显贵？在此基础上，作者顺势提出五条让自建房有别墅感的建议。其中，第五条明确指出，优质的家电对于提升房屋品质有重要作用，进而巧妙地引出了要推广的热净水器商品。其实，这才是整篇文章的重点，前面的铺垫都是为了引出这款商品，正是因为前面的铺垫，大家在接受这样的广告时也不会特别反感。

### 3.1.4  叙述故事：打造沉浸式体验，增强代入感

代入感是文学创作、影视制作以及各类艺术作品中常被提及的一个词语。它描述的是观众或读者在欣赏作品时，能够将自己完全置于其中，仿佛成为故事的一部分，与角色共命运、同悲欢。当我们谈论代入感时，不得不提的是其背后的心理学原理。人天生有一种寻求共鸣和认同的本能，这种本能让我们在面对他人的经历时产生强烈的同频情感。而代入感正是利用了这种心理，通过精心构建的情节、角色，让读者或观众能够身临其境，感受角色的心理变化，从而与内容产生情感连接。有强烈代入感的内容能够提高受众的参与度，激发其评论、点赞、转发和分享内容的意愿。然而，提升代入感并非易事，具体可以使用以下3种方法。

#### （1）借助细节强化真实性

细节的描绘与刻画是提升代入感的关键途径。无论是撰写文章还是拍摄视频，只要能有效凸显细节，便能触动人心，激发强烈的代入感。以下案例便运用了这一技巧。

**案例分析**

> 某酒品牌在父亲节曾经发过这样一段内容，让很多读者感同身受：
> "因为我已经认识了你一生；
> 因为一辆红色的 Rudge 自行车，曾经使我成为街上最幸福的男孩；
> 因为你允许我在草坪上玩蟋蟀；
> 因为你的支票本在我的支持下总是很忙碌；
> 因为我们的房子里总是充满书和笑声；
> 因为你付出无数个星期六的早晨来看一个小男孩玩橄榄球；
> 因为你坐在桌前工作而我躺在床上睡觉的无数个夜晚；
> 因为你从不谈论鸟类和蜜蜂来使我难堪；
> 因为我知道你的皮夹中有一张褪了色的关于我获得奖学金的剪报；
> 因为你总是让我把鞋跟擦得和鞋尖一样亮；
> 因为你已经38次记住了我的生日，甚至比38次更多；
> 因为我们见面时你依然拥抱我；

因为你依然为妈妈买花；

因为你有比实际年龄更多的白发，而我知道是谁帮助它们生长出来；

因为你是一位了不起的爷爷；

因为你让我的妻子感到她是这个家庭的一员；

因为我上一次请你吃饭时你还是想去麦当劳；

因为在我需要时，你总会在我的身边；

因为你允许我犯自己的错误，而从没有一次说'让我告诉你怎么做'；

因为你依然假装只在阅读时才需要眼镜；

因为我没有像我应该的那样经常说谢谢你；

因为今天是父亲节；

因为假如你不值得送××这样的礼物，还有谁值得？"

这段诗意般的内容，充满真挚情感，描写了父子间很多的生活细节。文字看似琐碎，却直击人心，详细描述了一位父亲为儿子的成长付出的点点滴滴，内容在最后部分话锋一转，点出主题，引出广告，瞬间就将主题引到商品上。由于有了前面的代入和铺垫，最后的广告并不显得突兀，也不会引起读者反感。

### （2）塑造画面感，制造身临其境之感

画面感在我们阅读一篇精彩的文章或者观看一段引人入胜的视频时显得尤为重要。它指的是一种神奇的能力，能够让读者或观众在阅读或观看的过程中，迅速地在自己的脑海中勾勒出一幅幅栩栩如生、生动形象的画面。这些画面仿佛具有魔力，能够让受众仿佛身临其境地体验到故事中的场景、人物的情感和环境的氛围。画面感塑造的强弱，往往决定了内容能否给受众留下深刻的印象，能否让受众在阅读或观看结束后依然回味无穷，久久不能忘怀。

**案例分析**

《舌尖上的中国》第三季有一则关于铁锅的内容，播出后引发了购买铁锅的热潮。这段内容是这样的：

"制锅过程中最重要的两道工序是打底子和打冷子。打底子要锤打出

铁锅的锅形，打冷子也称冷锻，一点一点将锅锻打成镜面，能在里面看到人脸才合格。十二道工序，十八遍火候，十几种铁锤工具，一千摄氏度高温冶炼，三万六千次锻打，每一次锻打都是对铁的历练。

有生命的器物创造着有生命的饮食。炊煮，盛食，进食，饮用，贮藏，中国人的厨房充满了我们所熟悉的器物，它们沾染着烟火，沉淀着岁月，在天长日久的使用中，陪伴着我们每个人的成长。

美食消散，器物永恒，无论我们是否记得，它们始终沉默而忠诚地存在着。这里有我们理想的家，曾经安放着我们理想的人生。器物有形，无边，食器之美让食物有了一份归家的温暖。"

内容详细描绘了铁锅制作过程的诸多细节，让人感受到传统工艺的精湛，同时将铁锅拟人化为忠诚的伙伴，唤起观众对铁锅的情感，极大地激发了购买欲望。

### （3）在结尾强调利益可得性

内容电商的内容不是文学作品，因此，需要适当地突出利益的可得性。最常用的做法就是在内容的结尾部分强调利益的可得性。虽然这种做法带有一些功利性的色彩，但从实际效果来看，它代入感十分强，确实能够有效地激发消费者的购买欲望。

例如，在内容最后加入一些鼓励购买的话，让消费者感受到他们购买商品后能够获得的实际利益，从而增强他们的购买意愿。这种策略不仅能够提高商品的销售量，还能进一步增强消费者对品牌的忠诚度。因此，在内容电商的内容创作中，巧妙地在结尾处强调利益的可得性是一个值得尝试的方法。

## 3.1.5 解决问题：直击需求痛点，提供解决方案

用户痛点是用户在使用特定商品或服务时所遇到的问题、挑战或不满，长期得不到妥善解决而产生的需求。例如，在出行领域，乘客可能会遇到难以打到车、长时间等待车辆以及交通拥堵等困扰；在购物领域，消费者可能面临选择商品困难、价格不透明以及售后服务不及时等问题。当这些痛点长期存在且未得到有效解决时，就演变成了用户的需求痛点。对于内容电商而言，做内容必须切中用户的需求痛点，要用同理心去感受他们的困扰，并最大限度地去解

决。例如，对于一款新的学习软件，很多人面临的痛点可能不仅仅是学习效率低下，还可能是缺乏学习动力、找不到合适的学习方法，或者是在面对大量信息时感到迷茫。这时，内容就需要从消费者的角度去讲述商品如何帮助用户解决这些问题。

在内容创作时不但要找到痛点，还要巧妙地、有策略地将其融入内容中，这才是真正的挑战。所以，在对痛点有了深刻理解之后，接下来就是运用一些创作技巧来巧妙地呈现。例如，使用对比的手法，将使用商品前后的状态进行对比，突出商品的效果；或者运用故事性的叙述，将用户在使用商品过程中的心路历程娓娓道来，引发大众的共鸣。

同时，在呈现时语言也要简洁明了，避免过多的专业术语、复杂的句子结构，确保用户能够轻松理解。在风格上，可以根据商品的定位和受众的喜好进行调整。例如，如果是一款面向年轻人的商品，内容可以更加活泼、幽默；如果是一款面向商务人士的商品，内容则应该更加严谨、专业。

总之，做内容要切中用户需求痛点，需要从用户的角度出发，深入了解他们的需求和困扰；同时，还需要运用一些技巧，将商品的优点和解决方案以更加生动、有趣的方式呈现出来。只有这样，才能让内容真正打动用户的心，引发他们的共鸣和购买欲望。

# 3.2
# 内容优化策略

内容电商本质上仍属于电商范畴，但运营重心已经发生了变化，不再聚焦商品本身，而是内容，通过内容驱动来促进业务的增长。因此，对于从事内容电商的企业而言，优化内容显得尤为重要，并且需要具备策略，以确保持续、高效地输出。

## 3.2.1  需求匹配：深度洞察年轻群体的内容喜好

创作出内容之后，接下来就是进一步聚焦内容，对其进行精心雕琢和优化，确保内容更好地满足用户需求。18～40岁年龄段的人是自媒体平台上最活跃、最具购买力的群体。因此，精准把握并迎合这一群体的需求，将是需求匹配的重中之重。那么，内容电商如何巧妙地将18～40岁年龄段的人的需求融入内容中呢？可以从以下3个方面入手。

## （1）内容个性化

在这个时代，年轻人追求个性、追求独特，他们渴望通过多元化的思潮来展现自我。因此，在内容创作中，应更加深入地洞察年轻人的价值观、生活方式和兴趣所在，将这些元素巧妙地融入内容之中，与之产生强烈的共鸣。

**案例分析**

> 2023年，一款富有创新与想象力，名为"爱因斯坦的脑子"的虚拟商品在网络上大放异彩，成功售出了惊人的7万单，更是荣登备受瞩目的"淘宝年度十大商品"榜单。实际上，这款"爱因斯坦的脑子"并非真正的科学大脑，而是卖家精心策划的独特营销手段。他们将爱因斯坦的肖像巧妙地融入商品页面，宣称购买这一商品，消费者便能"自动增长智慧"，获得美好的祝愿与幸运。
>
> 正是这样的独特创意与奇思妙想，激起了广大消费者的浓厚兴趣。无论是即将面临高考的高中生，还是正在深造的学子，皆被这一别具一格的商品所吸引，纷纷下单购买。满足年轻人的个性化需求，可以有效增强他们对品牌的参与感和归属感，使品牌与年轻群体之间建立更为紧密的情感纽带。

这一火爆现象的背后反映了年轻人自我激励、追求情绪价值的心理需求，同时也体现了他们对美好生活的向往与憧憬。

## （2）内容社交化

如今的年轻人不仅热衷于展现个性，更热衷于社交，与好友们分享、交流、互动。因此，应该积极地将社交元素融入内容之中，打造一种沉浸式的社交化体验，让内容成为带动消费的利器。

抖音上曾有一期"国风大典"栏目，吸引了年轻一代的国风爱好者，播放量突破了 11.2 亿次。国风之所以能在短时间内迅速传播，并成功破圈，背后离不开那些热爱国风的年轻男孩女孩们的热情追捧。巨量引擎、宏盟集团 OMG、创业邦联合发布的《进击的新势力·95 后短视频冲浪与消费图鉴》显示，"国风""二次元""追星"已然成为 95 后的核心兴趣圈。他们在服饰风格上的偏好更明确，中国古风和民族风稳居前两位。随着 95 后、00 后对网络的深入接触，他们得以培养更多元的兴趣，找到更多志同道合的"同好"，共同分享无尽的乐趣。

这些最初被国风吸引的年轻人，不仅是国风的热爱者，更是国风内容的创作者和分享者。他们凭借自己的热情与才华，创作了大量优质的国风内容，并通过各大平台传播，成功将小众爱好推向大众视野。国风话题的持续火热，不仅催生了一股国风浪潮，更吸引了众多品牌纷纷关注并投入国风领域。围绕国风，商品生态日益丰富，从汉服、旗袍、国风跨界服饰，到发饰、刺绣等不同类型的品牌商品，如雨后春笋般涌现。

正是由于年轻人在内容中看到自己的影子，才激发了二次创作的参与欲望。而他们的二次创作又进一步激发了更多同频人参与，一环套一环，环环相扣。就这样，一条完整的消费链条在内容的反复传播中建立起来，国风的魅力正是在这样的过程中得以充分展现。

## （3）内容娱乐化

在现今的年轻一代中，娱乐消费已逐渐成为一种不可忽视的趋势。这一现象的兴起，很大程度上源于互联网时代年轻人对文化多样性的热烈追求以及社交归属感的强烈需求。通过娱乐，年轻人不仅能够获得乐趣，减轻日常压力，还能借此形成独特的身份认同，与志同道合的同好进行深入交流互动。因此，娱乐文化成为他们展现个性、紧跟时代潮流的重要方式之一。

针对这一现象，内容创作者可以采取多种策略。例如，邀请明星担任代言人，借助他们的影响力和号召力，提升商品曝光度和认知度。此外，还可以与热门 IP 联名合作，将娱乐元素与商品结合，提供更具吸引力的内容。

## 3.2.2　情感包装：激发用户的情感共鸣，提升参与度

情感的表达与释放是推动品牌与消费者深度连接的核心力量。很多电商采用蕴含深厚情感的内容，以增强消费者对品牌的归属感、认同感和依赖感，最终将其转化为购买动力，这便是情感消费的本质。情感消费源于消费者对品牌所传递情感的认同，只有当这种认同确立，消费者才会愿意为之买单。因此，对于内容电商而言，巧妙运用情感来打造和包装内容显得至关重要。

例如，构思一个情感饱满的故事，用跌宕起伏的情节来触动读者的心弦；深入挖掘与消费者的情感共鸣点，与其分享相似的情感理念和价值观；还可以创作富有启发性的内容，激发消费者的智慧与思考，唤醒其内心深处的积极情感。

**案例分析**

　　2023年10月23日是重阳节，第二天（10月24日）恰巧是程序员节。京东电脑巧妙地把握了这一契机，将重阳节的核心人群老年人与程序员紧密结合起来，推出了纪实短片《爸妈的第一个AI作品》。这部短片打破了老年人拒绝新事物、抵触科技的刻板印象，引发了社会各界的广泛关注。

　　这部短片不仅展现了京东电脑独特的创意视角，更通过程序员与老年人共同创作的温馨场景，体现了AI技术的人文关怀。相较于传统的向程序员致敬的常规方式，京东电脑此次活动可谓独具特色，充满情感触达和人文关怀，成功在众多同质化宣传视频中脱颖而出，赢得了极高的关注度和好评。

人类情感复杂而丰富，能够精准捕捉并满足这些情感需求，便可以触动其内心最柔软的部分。那么，创作者在内容创作中，如何将这些情感植入其中呢？以下5种方法可供参考。

### （1）应用真实的故事

通过分享个人及用户真实的经历、感受，建立与潜在消费者深层次的情感连接。例如，三只松鼠品牌在淘宝上分享了创始人章燎原的创业故事，拉近了

与消费者的距离；海澜之家在抖音上分享了消费者穿着他们品牌服饰后的自信和改变，反响良好。

### （2）运用情感化语言

运用共情语言，如"你是否也曾经……""你是否也有这样的经历等"，融入积极向上的情感，向消费者传递快乐、希望、温暖等。如完美日记常强调"每个女生都值得拥有一支属于自己的口红"，传达女孩应更自爱的情感概念，促进口红销售；Keep 在抖音上发布激励用户的内容，例如"坚持锻炼""自律才能自由"等，提升消费者对其 App 的使用率。

### （3）优化互动体验

设置开放性问题，鼓励消费者分享想法和经历；鼓励用户生成内容，如上传使用商品的照片或视频，营造活泼的社区氛围。如悦木之源在小红书上发起"护肤挑战"，鼓励消费者上传使用商品前后感受的对比照片。

### （4）视觉呈现传递情感

运用能传递情感的照片，如孩童的笑脸；通过纪录片风格的短视频直观传达情感，展示商品背后的故事。如宜家在抖音上发布温馨家庭场景的照片与视频，展示家居用品如何提升生活幸福感。

### （5）利用节日与特殊事件

在母亲节、情人节等节日，发布体现亲情、爱情等的内容；参与或组织公益活动，展示品牌的社会责任感，引发共鸣。如悦诗风吟在小红书上发起"绿色环保，爱地球"的公益活动，承诺消费者每购买一件环保系列商品，品牌将捐出一定金额用于植树造林。

## 3.2.3 价值凸显：展现内容对消费者的实际益处

一个商品唯有具备卓越的品质及独特的价值，方能为消费者带来切实利益，使他们真切感受到物有所值乃至物超所值。同理，内容电商在创作内容时亦需遵循此原则，不仅要关注商品的表象特征，更要深入挖掘其内在价值。

在商品同质化愈演愈烈的大环境中，凸显独特价值已经成为重中之重。那么，内容创作者又应该如何凸显商品的独特价值呢？

## （1）精准把握商品的核心卖点

商品的核心卖点通常体现在其功能特性、性能指标、品质水平以及价格定位等多个维度。在实际操作中，需综合考量商品自身的优势以及目标消费群体的具体需求，以确定其核心卖点。

## （2）紧密贴合消费者的需求

确定卖点需要结合消费者的需求，商品的卖点是客观存在的，但并不是每一个卖点都有价值。所谓的价值，其实就是该商品能满足消费者的某个特定需求，能解决消费者面临的某个困惑，解决某个问题。

## （3）运用生动形象的描绘手法

在描绘商品时，应避免使用过于专业或艰涩难懂的语言，而要选择通俗易懂、贴近生活的表达方式。同时，还可以巧妙地运用比喻、拟人等修辞手法，让内容更加生动有趣，引人入胜。

## （4）注重内容的语言风格与调性

内容的语言风格与调性应与商品定位、目标受众相匹配，力争创造出一种积极、正面、充满吸引力的效果。同时，还应注意内容语言要简洁明了，避免冗长啰唆。

综上所述，通过精准把握商品的核心利益点、运用生动形象的描绘手法、紧密贴合消费者的需求与痛点，以及注重内容的语言风格与调性，可以创作出既吸引人眼球，又凸显商品价值的优质内容。

第 4 章

# 内容裂变：
# 静躺在纸上的内容，
# 若不传播没有任何价值

从商业的角度评估一篇文章或一条视频的价值，最直接、有效的方法是将其置于目标受众面前接受检验。因此，要想让内容实现真正的价值，推广成为至关重要的一环，通过适宜的渠道将内容传播出去，并确保受众能够从中获益。

# 4.1

# 流量青睐的内容类型

内容完成规划和创作之后，接下来就是宣传与推广，即将内容通过有效途径传播、裂变出去，让更多人看到，从而达到提升品牌知名度，增强消费者忠诚度，带动商品销售的目的。内容的宣传与推广十分重要，不过，并不是所有内容都适合。因为内容电商的内容都是基于自媒体平台存在的，只有自带流量"基因"的内容才有可能获得平台政策倾斜和流量扶持，才有可能取得好的裂变效果。

很多优质的内容在自媒体上发布后，会在极短时间内获得广泛传播。这是因为这些内容自带流量"基因"。这些"基因"总结出以下四个特征，如图4-1所示。

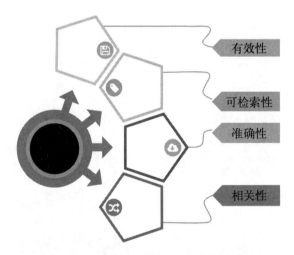

图4-1 自带流量"基因"内容的四个特征

## （1）有效性

有效性即内容要实用，针对受众的需求或面临的问题提供切实有效的解决方案，简而言之，便是有实际应用价值。例如，与商品有关的使用指南、商品测评、生活窍门、健康建议、DIY项目等内容，看后即可被用到。

### （2）可检索性

可检索性是指目标受众通过搜索引擎或平台内部的搜索功能可轻松找到内容。提高内容的可检索性能增加其曝光量，为此，创作时可在标题、正文、视频中融入长尾关键词、热门话题，并为内容设置合适的标签，以确保其在平台上容易被搜索到。

需要特别说明的是，要深入分析目标市场和消费者行为，去挖掘那些具有高转化潜力的长尾关键词。这些关键词虽然搜索量不大，但竞争性相对较弱，能够帮助商家更精准地触达潜在用户，从而提高营销效率和投资回报率。例如，与"手机"相比，"2024年最好的5G手机推荐"这一长尾关键词能更精准地触达有购买意向的用户。

### （3）准确性

精准性是指内容传递的信息要准确、可靠、真实。这类内容通常基于事实、数据和可信来源，有助于提升商品的形象，如基于科学研究的数据分析、权威专家意见、官方声明和真实案例分析。所以，创作时我们要确保应用数据的可靠性，引用真实存在的、经得起验证的信息，避免引用夸大或虚假信息。

### （4）相关性

内容的相关性是指内容要能准确地突出商品或服务的特性，这些特性要与目标受众的需求和兴趣紧密相连。通过深入分析目标市场，识别出哪些卖点最能吸引潜在买家，并据此制定信息传递策略。例如，如果一个商品的主要优势是耐用性，那么营销内容就应该围绕这一点展开，强调其经久耐用的特点，以及如何为消费者带来长期价值。通过这种方式，内容的相关性不仅能够提高广告的吸引力，还能增强消费者对品牌的信任度和忠诚度。

# 4.2
# 植入传播基因，实现内容裂变

内容电商的"内容"不能静止不变，而是要不断传播、不断裂变，方能充分展现其价值。因此，在内容创作过程中，不应仅仅局限于文字本身，而应融入社交属性，精心策划内容的传播渠道及触发条件，以促进内容实现更大范围的传播。

## 4.2.1　明确营销意图，传递核心价值

内容电商中的"内容"并非仅限于文学性的表达或情感的宣泄，而是必须紧密地与品牌或商品相结合，旨在提高品牌知名度并推动商品销售量的增长。因此，在内容创作的初期，明确营销目标至关重要，以确保内容能够有效地传达价值，并实现盈利的目标。

### 案例分析

一个新兴的健康食品品牌，秉承着绿色、健康的核心理念，积极推广健康的生活方式。该品牌特别强调商品的营养价值，以此吸引那些对健康有着高度追求的年轻消费者。

在小红书平台上，该品牌发布了一系列围绕"健康生活"主题的视频内容，内容涵盖了健康饮食、营养搭配、运动健身等多个方面。同时，结合当前流行的健康热点话题，品牌推出了多款深受年轻人喜爱的创新商品。此外，通过美食博主和健身达人的推荐，品牌成功地将健康生活的理念传递给目标受众，并成功培养了一批潜在用户。通过这些精心策划的内容，该品牌在小红书上迅速打开了市场，并取得了销量持续增长的显著成效。

综上所述，内容电商在制作内容时必须体现出明确的营销意图，并将内容与品牌、商品紧密结合起来。需要强调的是，内容与品牌、商品的结合是一门艺术，需要高超的操作技巧。内容既要能够体现营销意图，又不能显得过于生硬。具体应该如何融入呢？可采用如图 4-2 所示的 3 个技巧。

### （1）多角度深入挖掘商品特性

在撰写内容时，应从多个角度和层面深入挖掘商品的独特属性。通过多维

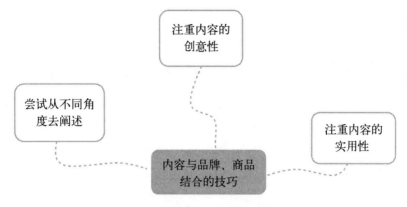

图 4-2　内容与品牌、商品结合的技巧

度的表达手法，将商品的优势淋漓尽致地展现出来。利用商品的显著优势，吸引消费者，激发他们内心对商品的喜爱。

### （2）创意是内容的灵魂

若商品缺乏明显的竞争优势，单纯美化是不够的，此时创意显得尤为重要。在内容创作上投入精力，一个独到的创意往往能让商品在市场中脱颖而出，吸引消费者的注意力。例如，在描述商品使用场景时，融入一些有趣的元素或故事情节，以突出商品的核心优势和独特卖点。生动有趣的场景能够有效激发消费者的好奇心和探索欲，使他们在不知不觉中接受营销信息。

### （3）确保内容的实用性

内容宣传、推广的效果取决于其实际应用性。内容不仅要能吸引消费者的注意力，还应引导他们采取购买行动。因此，在内容中明确提供商品的购买渠道、价格优惠等信息，以及购买后的售后服务保障，让消费者在产生购买欲望的同时也能安心购买。

## 4.2.2　以目标受众为中心，精准定位

优质内容的创作必然聚焦于目标受众，即详尽分析阅读文本或观看视频的目标群体的需求。因此，内容电商在创作内容时必须精确界定其目标受众，并深入探究他们的需求以及驱使他们选择阅读、观看或聆听这些内容的根本动因。

**案例分析**

国货美妆品牌完美日记，其目标受众主要为年轻女性群体。通过深入的市场调查，他们发现尽管这一群体在美妆消费上表现出强烈的热情，但对价格极为敏感，对昂贵的国际品牌并不热衷。基于此，完美日记精心设计了其产品线，专注于中档价位，致力于提供高性价比的产品。

此外，为了有效接触并吸引这些年轻女性消费者，完美日记在小红书等社交媒体平台上积极发布了一系列精心制作的文章和视频。这些内容不仅精准地捕捉了年轻女性的兴趣点，还特别强调了商品物美价廉的优势。通过提供高性价比的美妆商品，完美日记成功吸引了大量用户的关注，并赢得了市场的广泛认可。

完美日记的目标受众群体定位于年轻且追求美丽的女性，因此，其所有行动均紧密围绕这一核心群体展开，从而最大程度地赢得了消费者与市场的认可。在内容的宣传与推广过程中，必须深刻洞察并精准把握目标受众的需求与兴趣点，确保所传递的信息与目标受众的实际需求紧密相连。那么，内容电商应如何切实做到以目标受众为导向呢？概括而言，可从以下4个方面着手（图4-3）。

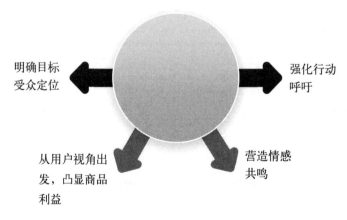

图4-3　内容坚持以目标受众为导向的做法

## （1）明确目标受众定位

内容创作的首要任务是精准定位目标受众。鉴于不同受众群体存在差异化的需求和兴趣点，在内容创作过程中，需深入剖析受众的心理特征，准确捕捉其痛点，并据此构建能够引发受众共鸣的内容。例如，针对年轻消费者，内容可采用活泼、时尚的语言风格，突出商品的个性化和创新性；而面向中老年消费者，则应采用稳重、贴心的表达方式，强调商品的品质和实用性。

### （2）从用户视角出发，凸显商品利益

在内容创作中，应避免陷入自说自话的宣传陷阱，而应站在用户的角度，深入剖析并传达商品的利益属性。以一款美容仪商品为例，尽管其具备"紧致肌肤""便捷美容""性价比高"等优势，但更应站在用户视角，如强调"促进护肤品吸收""改善肤质"，从而更贴近用户的实际需求和心理预期。类似的，健身类应用程序 Keep 中内容所展现的用户视角，强调"给我自由"而非"给你自由"，精准捕捉健身群体的追求与期待，这样的内容更具说服力。

### （3）营造情感共鸣

在传递商品信息的同时，内容还需注重情感共鸣的营造。通过故事、案例等方式，将商品与受众的生活场景相结合，激发受众的共鸣。同时，采用温馨、幽默的语言风格，提升内容的亲和力，拉近与受众的距离。

### （4）强化行动呼吁

内容的最终目的在于引导受众采取行动，如购买商品、关注公众号等。因此，在内容结尾部分，应明确指示受众下一步的行动方向，并提供相应的引导。这些行动呼吁可以是优惠活动、限时抢购等促销手段，也可以是简单的关注、点赞等互动行为。通过强化行动呼吁，提升内容的转化率，实现营销目标。

综上所述，内容电商做内容需关注目标受众，明确商品利益，营造情感共鸣，强化行动呼吁。只有综合考虑这些因素，才能创作出既具吸引力又富有感染力的内容，有效实现营销目标。

## 4.2.3 塑造独特的"人设"，增强辨识度

好的"人设"能够大幅提升内容的关注度和传播效果，便于消费者理解商品，从而对商品产生好的印象。所谓"人设"就是内容要有一个鲜明的形象和

独特的风格。这个形象可以是一个真实的人物，如某领域的权威专家、有趣的生活达人、热情的分享者；也可以是一个虚拟的形象，如三只松鼠的小松鼠形象、故宫文创产品"萌态可掬"的雍正形象、江小白的同名动漫形象等。

关于"人设"有一个更宽泛的概念，即只要能在消费者心中留下深刻印象的，都属于"人设"范畴。这样的例子很多，例如手机市场中 vivo 手机主打夜拍功能，为了传播这个"人设"，它的宣传内容就是"照亮你的美"；OPPO 手机续航能力强，为了塑造这个"人设"，它的宣传内容就是"充电 5 分钟，通话 2 小时"；华为推出与徕卡联合设计的 P 系列手机，主打高质量镜头，它的宣传内容是"每一拍都是大片"，其 Nova 系列手机则侧重美颜和外观，所以宣传内容是"高颜值，爱自拍"。

成长于自媒体时代的新消费者更加"自我"，这往往通过消费理念和习惯体现出来，他们对商品的"人设"更感兴趣。"人设"是一个更为具体、包容和立体的输出方式，能够传达出更清晰、人格化的品牌认知，与消费者达成互动，缔造更多的认同感和亲切感。那么，应该如何进行"人设"的打造呢？具体做法如图 4-4 所示。

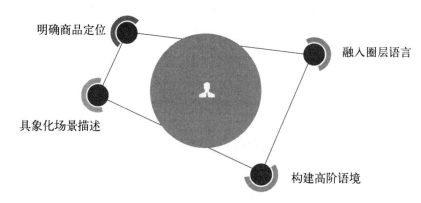

图 4-4  打造"人设"的具体做法

### （1）明确商品定位

商品定位对于商品而言具有举足轻重的意义，它能够引导消费者对商品形成清晰的认识，从而在消费者脑海中构建起鲜明的辨识特征，为商品的认可与购买行为奠定坚实的基础。以智能手机为例，OPPO 通过其 Reno 系列成功地将商品定位为时尚、摄影强大和用户体验至上的标杆。通过一系列精心设计的营销策略和广告活动，OPPO 将商品打造为年轻化和创新的代表，从而在消费者心中建立了独特的品牌辨识度。

### （2）具象化场景描述

借助具象化场景描述使信息更直观。通过描述场景，让消费者自然联想到商品，从而产生购买欲望。以小米体重秤为例，其通过"喝杯水都可感知的精准"这一具象化的描述，生动地展现了商品的精准性能。同样，肯德基的"好吃到让你舔手指"也通过场景描述成功引发了消费者的情感共鸣和消费欲望。

### （3）构建高阶语境

利用群体共识构建高阶语境，提高内容吸引力。针对特定群体编写内容，如陌陌强调打破孤独感，万科强调人脉价值。构建高阶语境需简单易懂且具有深度，引发消费者联想和思考。以陌陌为例，其内容通过强调"大家都是同类，陌生并不代表隔阂"等观点，成功地构建了一个高阶语境，使消费者感受到使用陌陌可以打破孤独感，建立更广泛的社交联系，成功地吸引了目标受众的关注。

### （4）融入圈层语言

圈层文化背景下，不同的圈层都有独特的"圈层语言"。这些语言体系如同暗号一般，用于区分"我们"和"他们"，从而加强群体内部的联结。因此，当新的品牌或商品希望有针对性地吸引某一特定受众群体时，必须先考虑融入圈层。通过运用圈层语言，品牌或商品可以更好地与目标受众建立情感联系，增强其在该群体中的认同感和归属感。需要注意的是，不可过度使用圈层语言，否则可能导致信息传达的局限性，因此应适度把握，确保内容被广泛接受、理解。

总而言之，"人设"不一定要有多标新立异，但一定要深刻。换言之，就是一定要能传达出最清晰、最准确的形象。让消费者看到内容之后，马上能理解品牌或商品的最大亮点，后面的重复投放也只是在巩固这个认知而已。

## 4.2.4  融入社交元素，促进用户互动

社交元素是促使内容向更大范围传播的重要推动力。一个内容缺乏社交元

素往往仅能实现纯粹的信息交换，而无法实现深入互动。例如，一位创作者撰写的文章，若未融入任何社交元素，即便发布于平台，读者往往也只是匆匆一瞥，难以形成深入的交流和互动。当内容中融入能够激发读者互动意愿的社交元素时，该内容便更有可能被喜欢的人转发、分享至各自的社交圈，从而实现更大范围的传播。

**案例分析**

　　某篇文章开头，作者以轻松愉快的语气描述夏日的炎热，然后引出清凉美妆的主题。她提到："夏天来了，是不是觉得热得快要融化了？别担心，我今天就来给大家揭秘夏日清凉美妆秘籍，让你在炎炎夏日也能保持美丽动人！"接着开始分享自己的美妆心得和商品推荐，不仅详细介绍了每款商品的使用方法和效果，还穿插了一些有趣的小故事和亲身体验，使得文章更加生动有趣。同时，还不时地提出问题，引导读者在评论区留言互动。

　　此外，作者还在文章中设置了一些互动。她邀请读者参与话题讨论，分享自己的夏日美妆心得；同时，设置一些小奖品，鼓励读者积极参与。这些举措不仅增加了文章的趣味性，还提高了读者的参与度。最后，作者再次强调夏日清凉美妆的重要性，鼓励读者继续关注她的分享。

　　从上述案例我们可以看出，将社交元素融入内容是提高吸引力和增强用户黏性的有效策略。特别是在自媒体内容如雨后春笋般涌现的今天，许多内容难以引起目标受众的广泛关注。这并非因为它们缺乏价值，而是因为在传播过程中出现了问题，即内容缺少"社交能力"。为了确保内容能够长期且稳定地触及目标受众，我们必须增强内容的"社交能力"，将简单的信息交流提升至更深层次的人际情感交流。

　　为了提升内容的"社交能力"，内容创作者可以设计互动性强、参与感高的环节，例如互动问答、投票以及评论区话题讨论等。还可以建立分享奖励机制，激励目标受众将内容分享到他们的社交网络。此外，定期发布专属折扣活动、发放代金券，以及组织线上讨论和线下聚会等活动，都是激发受众参与热情的有效手段。通过这些策略，便可以保持受众的活跃状态，为内容的传播和推广提供持续的动力。

## 4.2.5　深度解读平台数据，实现全面利用

现在各大自媒体平台都有自己的数据库，内容电商在做内容时要善于利用这些数据资源，以便将内容精准推送给目标受众。大数据在内容与目标受众之间架起了一座桥梁，让内容畅通无阻地触及每一位目标受众。例如，某公司推出一个新品，但不明确目标受众是谁、有哪些需求，以及这些受众会集中出现在哪些平台。上述问题只靠我们坐在办公室里想是永远想不出来的，但如果借助大数据就可以轻松解决。

**案例分析**

　　某知名化妆品品牌为推广其新款面膜，在抖音开展了一系列促销活动。该品牌首先精心策划、制作、发布了一系列创意十足的短视频，展示商品的独特卖点。内容发布后，该品牌便开始利用抖音后台的数据分析工具对视频进行实时监控和分析。他们关注的主要指标包括视频播放量、点赞量、评论量以及分享量等。通过对比不同视频的表现，发现其中一条展示商品使用前后对比效果的视频获得了极高的关注度。

　　为进一步提升这条短视频的效果，该品牌专门对其进行了深入分析，进一步发现该视频的受众主要集中在年轻女性群体，且这部分人对商品表现出极大兴趣。基于这一发现，该品牌及时调整了后续的视频内容，更加注重展示商品的实际使用效果和用户体验，并加强与年轻女性群体的互动。

　　通过持续优化和调整，该品牌在抖音上的短视频营销活动取得了显著效果。不仅商品销量大幅提升，品牌知名度和用户忠诚度也得到了大幅提高。

这一案例充分展示了抖音数据在营销活动中的重要性。抖音以其独特的形式和广泛的用户基础，成为企业进行品牌推广、商品营销的重要选择。综上所述，数据分析不仅可以帮助企业了解用户需求和兴趣点，还可以指导企业制定更加精准和有效的营销策略。

小红书、抖音、淘宝的数据分析工具如表 4-1 所示。

表 4-1　小红书、抖音、淘宝的数据分析工具

| 平台 | 工具 | |
|---|---|---|
| 小红书 | 官方账号后台数据中心 | 在这里可以查看账号的阅读量、主页访客等基础数据；图文、视频发布后点赞、评论、阅读量等内容数据；新增用户数量、流失用户数量、总用户数、忠实互动用户数、新增用户来源、用户画像等数据 |
| | 其他非官方数据分析工具 | 千瓜数据、新红、蝉妈妈、iFans 数据、灰豚数据等付费平台工具也可以帮助品牌查看竞品数据、热门品类、品牌榜单、投放数据监控等 |
| 抖音 | 抖音店铺后台数据中心 | 帮助查看店铺和商品页面的访问次数、独立访客量等流量数据；分析商品链接点击率、从浏览到购买的转化率、用户在店铺内的访问路径和行为轨迹等用户行为；了解不同性别用户的比例、不同年龄段用户的分布情况、不同地域用户的分布情况等用户画像数据 |
| | 巨量算数 | 母公司字节跳动旗下一款数据分析工具，可以帮助品牌洞察热词、热点内容趋势，支持抖音等多端热词的关联分析、用户画像等功能，支持热点事件发现和热点事件分析功能 |
| 淘宝 | 淘宝指数 | 淘宝官方提供的免费数据分享平台，为品牌提供消费者搜索和购买行为数据，帮助品牌了解市场趋势和商品热度 |
| | 数据银行 | 阿里巴巴提供的一个数据分析工具，有助于分析用户的购买行为、消费路径和复购率，提供精准的营销建议 |
| | 生意参谋 | 淘宝提供的电商运营工具，可以通过该工具获取全面的销售数据、流量数据和竞争对手分析，帮助优化运营和营销策略 |

总之，通过数据分析工具，企业能够精准把握目标受众的喜好和行为特征，分析他们的浏览习惯、互动行为和反馈意见，了解哪些内容更受欢迎，从而有针对性地优化内容方向，调整推广策略。

## 4.2.6　充分利用平台分发机制，提升内容曝光效能

在自媒体平台进行内容传播，深受平台分发机制的影响。内容分发，顾名思义是平台将相关内容推送给目标受众，引导他们观看、互动的过程。这一过程中，除了目标受众主动获取内容外，平台还会依据用户偏好、习惯、行为，经过复杂的算法和人工审核，将类似内容有针对性地推荐给特定人群。平台的分发机制对于内容传播是十分有效的，大幅扩大了传播范围，提高了传播的有效性，因为推送的内容完全是基于内容特点和特定用户。平台的分发机制具体包括如图 4-5 所示的 5 个方面。

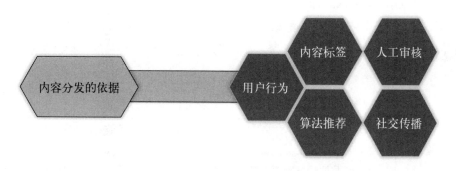

图 4-5　内容分发的依据

### （1）用户行为分析

自媒体平台会自动收集目标受众的数据，如观看过哪类视频、点赞或分享过哪些视频等，来了解他们更偏好哪类内容，从而更好地理解他们的需求，为他们推荐更多匹配的内容。

### （2）内容标签化

平台会根据内容特征打上相应的标签。这些标签有助于平台更精准地将内容推送给目标受众。

### （3）算法推荐

自媒体平台会利用算法，向用户推荐他们可能感兴趣的内容。这种推荐方式可以提高用户体验，同时也有助于增加内容曝光度和传播范围。

### （4）人工审核

虽然算法推荐在很大程度上可以满足用户需求，但仍需要人工审核进行一定的干预，以确保内容质量和合规性。人工审核可以防止不良信息和违规内容传播，保护用户的权益。

### （5）社交传播

自媒体平台通常具有社交属性，用户可以通过分享、评论和互动等方式，将内容传播给自己的社交网络中的其他人。这种社交传播有助于内容进一步推广和传播，也有助于形成良好的社区氛围。

自媒体平台的分发机制主要包括用户行为分析、内容标签化、算法推荐、人工审核和社交传播等方面。这种机制旨在为用户提供丰富、多样的内容，同时也有助于提高内容的传播效果。然而，各大平台的内容分发机制是有差异的，内容电商必须了解这些差异。小红书、抖音、淘宝平台的内容分发机制如表4-2所示。

**表4-2　小红书、抖音、淘宝平台的内容分发机制**

| 平台 | 内容分发机制 | 建议 |
|---|---|---|
| 小红书 | 内容分发依赖推荐算法和用户的兴趣标签（小红书特有），平台会根据用户的浏览历史、点赞、收藏和评论等行为，推送相应的内容 | 关注热门话题、关键词以及互动数据好的爆文的关键词、选题、内容等，积极参与平台活动，同时精准的兴趣标签将帮助内容高效分发 |
| 抖音 | （1）采用个性化推荐算法，内容会根据用户的阅读习惯和兴趣标签进行分发；<br>（2）因为头条本身具有新闻传播属性，时效性强的内容和热点话题更容易获得推荐与曝光 | 抖音视频标题对内容分发有显著影响，在正文中加入热门关键词、时下热门的话题等，时效性强的内容容易获得更多分发 |
| 淘宝 | 内容分发主要依赖商品推荐算法和用户的购物习惯，高质量的图文、短视频和直播是吸引用户关注的关键 | 注意内容的实用性，以及内容与商品之间的相关性，实用性和商品相关性强的内容容易获得更多分发 |

# 4.3

## 确定内容裂变的方式

内容裂变的程度取决于所采用方式的正确与否。内容实现裂变主要取决于两大因素：一是内容本身的传播属性，例如是否拥有大 IP 背景、是否紧跟热点话题、是否构建社群等；二是依赖用户的口碑传播，用户的力量不容小觑。

### 4.3.1　激励用户成为内容裂变的主力军

内容电商与传统电商相比，其差异在于对用户资源的运用。传统电商将用户当作消费者，单纯地把他们看成购买商品的对象。这种模式下的商家与消费者之间就是纯粹的买卖关系。相比之下，内容电商则善于借助"用户的力量"，而且在内容电商体系中，用户不仅是单纯的消费者，还是"粉丝"。"粉丝"与消费者有质的区别，他们信任商品、依赖商品，甘愿成为商品的二次传播者，这就促使内容电商的商品具有广泛的"口碑"效应。

例如，许多微信公众号通过发布高质量的文章吸引用户。这些文章不仅提供了有价值的信息，还巧妙地植入了商品推广信息，引导用户转发，成功地将内容流量转化为销量。又如，知识分享平台知乎的用户群体具有较高的知识水平和购买能力。知乎通过引导用户分享购物经验、商品测评等内容，成功将知识分享与电商结合起来。用户在浏览知乎内容时，可以了解到更多关于商品的信息，从而做出更明智的购买决策。同时，知乎还通过付费专栏、盐选会员等形式，为用户提供更加深入和专业的购物指导，进一步提升了口碑营销的效果。

内容电商借助"平台"驱动力进行口碑营销的潜力巨大。原因就在于可以通过提供有价值的内容，吸引用户关注，强化信任，进而产生口碑效应，这正是内容电商成功的关键所在。

那么，内容电商应如何强化用户的口碑呢？以下提供四个关键技巧，如表4-3 所示。

表4-3　促进口碑营销的四个关键技巧

| 技巧 | 含义 |
| --- | --- |
| 创作独特内容 | 内容电商应创造独特、高质量的内容以吸引用户。需注重创意性和趣味性，并根据选题和受众进行个性化创作；提供其他平台难以见到的内容，促进用户点赞、评论和分享，扩大品牌影响力 |
| 寻求达人合作 | 内容电商可寻求与达人的合作，参与口碑营销活动。选择合作对象时，需考虑其风格、受众与品牌的契合度，实现互利共赢 |
| 运用社群营销 | 内容电商可加入相关社群或自行创建社群，借助社群力量进行口碑传播，有助于提升品牌美誉度和用户忠诚度 |
| 建立奖励机制 | 为激发用户分享热情，内容电商应建立奖励激励机制。用户发布正面评价时，可获得积分、折扣等奖励，促进分享行为，扩大品牌影响力 |

## 4.3.2　创新营销方式，带动内容病毒式传播

病毒营销作为一种积极主动的营销方式，与口碑这种偏被动的营销方式形成鲜明对比。病毒营销并非指真正的病毒传播，而是一种利用人们自然分享和传播信息的倾向，以极低的成本实现广泛传播的市场策略。

**案例分析**

2021年6月3日蜜雪冰城发布了品牌主题曲MV《蜜雪冰城甜蜜蜜》，如图4-6所示。此次营销便充分体现了这一点，蜜雪冰城通过精心策划，将品牌与亲民、平价的形象紧密结合，通过欢快起舞的"雪王"形象和令人记忆深刻的背景音乐，迅速在社交媒体上引发了广泛的关注和讨论。

MV发布后，众多网友纷纷进行二次创作，包括多语言翻唱、改编歌

图4-6　《蜜雪冰城甜蜜蜜》主题曲

词、原创编舞等。这些作品在社交媒体平台上广泛传播，进一步提高了主题曲的知名度和影响力。蜜雪冰城官方也积极与网友互动，收集并发布这些二次创作作品，进一步加深了品牌与消费者之间的联系。

目前，该 MV 在哔哩哔哩网站的播放量突破千万次，相关二次创作作品的播放量也超过百万次。这次病毒营销不仅显著提升了蜜雪冰城的品牌声量和商品销量，更巩固了其亲民平价的品牌形象，展示了品牌的创新能力和与消费者的双向互动传播能力。

因此，病毒营销的成功离不开内容的创意，通过精心策划和高效执行，可以实现低成本、高效率的营销效果，为企业带来显著的商业价值。

### （1）设定明确的目标

在展开病毒营销之前，需要设定明确的目标。希望达到什么样的效果？是增加品牌知名度还是提高销售额？明确的目标将帮助企业更好地衡量营销策略是否成功。

### （2）激发情感共鸣

情感共鸣是病毒营销的关键因素之一。如果内容能够引发人们的情感反应，他们就更有可能分享它。这可能是一种感动、一种喜悦、一种惊讶或一种愤怒。确保内容能够触动人们的心灵，并激发他们的分享欲望。

### （3）利用影响者营销

影响者营销是病毒营销的另一种有效方式。找到与品牌或商品相关的影响者，并与他们建立联系。通过让他们分享内容或参与营销活动，企业可以借助他们的影响力将信息传播给更广泛的受众。

### （4）持续优化和调整

最后，需要持续优化和调整病毒营销策略。通过分析数据，了解哪些内容更受欢迎、哪些平台效果更好，并根据这些信息进行调整。病毒营销是一个不断试错和改进的过程，只有不断优化才能实现最佳效果。

总之，病毒营销是一种强大的市场策略，可以以极低的成本实现广泛传播。通过确定明确的目标、激发情感共鸣、利用影响者营销以及持续优化和调整，成功展开病毒营销，实现营销目标。

### 4.3.3 借助事件热度，提升内容关注度

在自媒体上发布内容，如果能植入事件，则可大大强化其营销效果。以传统节日为例，情人节、七夕等节日往往成为服饰、美妆品牌竞相角逐的营销战场，而端午节、中秋节等则成为食品行业狂欢的营销时刻。这些传统节日正是事件营销所依托的重要事件之一。事件营销的影响力不容忽视，其成功实施甚至能够长期改变消费者的消费习惯与思维方式。

**案例分析**

> 2009年端午节前夕，星巴克独具匠心地推出了创新商品——"星冰粽"，从而成功跻身端午节营销行列。这款"星冰粽"以其独特的粽子形状甜品形式，与传统粽子形成鲜明对比。凭借星巴克强大的品牌影响力及端午节限定发售、预售等营销策略，"星冰粽"一经推出便在社交媒体上引发广泛讨论，尤其吸引了众多对传统粽子不感兴趣、充满好奇心且接受度较高的年轻群体。
>
> 经过数年的营销积累与持续推出创新口味，"星冰粽"逐渐在年轻人中树立起了独特的品牌形象。如今，每逢端午节，不少人的社交圈中都会出现分享"星冰粽"美味与奇特口味的帖子，同时也不乏未能抢到"星冰粽"的遗憾之声。
>
> "星冰粽"的成功不仅挑战了传统粽子在端午节的地位，更成功改变了消费者的固有消费习惯。其火爆程度甚至带动了装粽子的包等周边商品的热销。此外，星巴克还巧妙地将品牌元素融入各类周边商品，如背包等，借助都市白领等自然传播者，在白领们的日常生活与工作中实现了品牌的二次传播。

事件营销，本质是利用具有新闻价值、社会影响力或能引起公众兴趣的事件来推动品牌或商品的传播。那么，内容电商如何成功策划一次内容事件营销呢？可以按照图4-7所示的思路来做。

首先，对事件进行持续的跟踪和报道。事件的发展往往充满变数，而每一次的转折都可能成为新的营销点。因此，我们需要密切关注事件的进展，及时

对事件进行持续的跟踪和报道

充分利用事件的影响力开展互动活动

将事件营销与其他营销策略相结合，形成多渠道营销网络

对事件营销的效果进行评估和总结

**图4-7 策划内容事件营销的思路**

捕捉其中的亮点，并通过各种渠道进行传播。这不仅可以保持公众对事件的关注度，还能让品牌或商品在这一过程中得到更多的曝光。

其次，充分利用事件的影响力开展互动活动。例如，可以举办与事件相关的线上或线下活动，邀请用户和公众参与，增加他们与品牌或商品的互动机会。通过这种方式，我们不仅可以提升品牌的知名度和美誉度，还能加深公众对品牌或商品的了解和认同。

再次，将事件营销与其他营销策略相结合，形成多渠道的营销网络。例如，我们可以将事件营销与社交媒体营销相结合，利用社交媒体的传播速度和影响力来扩大事件的影响范围。同时，我们还可以将事件营销与线下活动相结合，通过举办各种形式的推广活动来提高公众对品牌或商品的认知度和好感度。

最后，要对事件营销的效果进行评估和总结。通过对营销过程中产生的数据进行分析，我们可以了解营销的效果如何，哪些策略是有效的，哪些策略需要改进。这不仅可以为我们今后的营销工作提供有益的参考，还能帮助我们不断提升营销水平和效果。

总之，展开内容的事件营销需要我们有敏锐的洞察力、丰富的创意和扎实的执行力。内容电商做营销，事件的力量不容小觑。一旦成功，其产生的长尾效应将是巨大的。

## 4.3.4 发挥社群力量，构建内容传播网络

社群营销是指通过构建和运营一个由共同兴趣、需求或价值观驱动的用户集合，即社群，以达到营销目标的方法。该方法的核心在于通过社群成员间的紧密互动与情感连接，提升用户黏性和忠诚度，从而推动商品或服务的销售，实现盈利目标。

在内容电商的生态环境中，社群逐渐成为品牌与个人创作者实现内容变现的重要途径。社群不仅是交流的平台，更是品牌忠实用户的集结地。在社群中，用户因共同的兴趣、需求或价值观而汇聚，这种"凝聚力量"不仅促进了用户间的互动与情感联系，也为品牌带来了稳定的流量和可靠的变现渠道。在社群运作过程中，需特别关注以下三个要点。

### （1）高质量内容输出与精准用户定位

为确保用户留存，品牌需持续发布有价值、符合用户兴趣和需求的内容。同时，内容应具备一定的互动性，以激发用户参与讨论和分享的积极性。例如，美妆品牌在小红书平台创建社群，通过分享实用的化妆技巧，成功吸引并维持用户活跃度，构建了一个长期稳定的社群环境。

### （2）强调用户参与感与归属感

通过多样化的互动活动，如问答、投票、打卡以及线下活动等，品牌能够显著增强用户的参与感，使用户感受到自己作为社群一员的重要性和归属感。例如，在品牌新品发布会上，邀请核心社群成员参与现场交流，这不仅能够增强社群凝聚力，还能进一步提升用户的归属感。

### （3）利用社群凝聚力，拓展多样化变现渠道

借助社群的精准定位和高凝聚力，品牌可以更有效地进行商品推广与销售。先前在社群内建立的用户信任和口碑效应，将极大提升商品转化率。同时，社群成员之间的互动与分享，有助于品牌实现二次传播和裂变效应，从而进一步拓展品牌的市场覆盖范围。

**案例分析**

小米公司无疑是一个值得借鉴的典范。自 2010 年成立以来，小米始

终坚持"为发烧而生"的品牌理念，这不仅是一句口号，更是吸引科技爱好者的核心动力。小米深知情感纽带的重要性，其构建的社群不仅是一个技术交流的论坛，更是一个共享科技生活价值观、相互连接的大家庭。这种强烈的情感共鸣为小米社群的稳固发展奠定了坚实基础。

小米的社群策略主要体现在"用户共创与口碑传播"上。在品牌初创阶段，小米便邀请用户参与 MIUI 系统的每周更新反馈，将用户意见直接转化为商品改进的动力。这种开放式的创新模式不仅增强了用户的归属感，还使正面口碑成为小米品牌扩张的有力推手，低成本、高效地吸引了大量新用户加入社群。

为强化社群凝聚力，小米巧妙运用线上线下联动策略。自 2012 年起举办的"米粉节"已成为品牌与用户情感加深的契机，线上抢购热潮与线下新品发布会、体验活动相结合，使用户的参与感和归属感达到高潮，同时也成为推动商品销售的有力杠杆。

在社交电商蓬勃发展的今天，小米展现出敏锐的市场洞察力。通过小米商城及有品平台等自有电商生态的建设，以及积极拥抱微信小程序、直播平台等新兴社交电商渠道，小米利用社群力量实现了从内容关注到商品购买的无缝转化，再次证明了社群经济在新时代的巨大潜力。

综上所述，小米通过精准的情感定位、用户共创的文化、线上线下一体化的活动策划以及社交电商平台的有效利用，成功抓住了社群的凝聚力量。这不仅创造了多个销售奇迹，更构建了一个充满活力、持续成长的社群生态系统，为社群经济的发展提供了宝贵的实践经验。

## 4.3.5 融入 IP 标签，增强内容识别度

在现今数字化迅猛发展的时代背景下，知识产权（IP）在内容电商领域中占据着举足轻重的地位。特别是当今内容创作者、品牌成功塑造出独特且广泛获得社会认可与影响力的形象，IP 已经成为各大企业竞相争夺的关键资源。展望未来，不论是历史悠久的传统行业还是充满活力的新兴科技领域，IP 的衍生变现能力将对 IP 拥有者的盈利潜力和市场地位产生深远影响。

在实践操作中，实现 IP 的衍生变现关键在于巧妙地将 IP 标签融入商品之

中。这要求我们不仅要精准定位市场、设计精美的商品，更需要深入理解IP的核心价值及目标受众的心理需求。以全球知名的内容创作者李子柒为例，她成功地将个人IP与商品紧密结合，实现了IP价值的最大化。

## 案例分析

李子柒在利用个人IP创业方面有杰出表现，她凭借独特的"古装美食"定位脱颖而出，围绕衣食住行的内容，生动展现了田园古朴的生活风貌，吸引了大量用户的关注和喜爱。观察李子柒的IP变现模式，主要包括广告变现和带货变现两大途径。其中，广告变现主要依托Youtube平台，而带货变现则通过天猫旗舰店实现。这两种变现方式共同构成了李子柒IP的商业价值体系。

值得一提的是，带货变现是李子柒实现商业价值的主要手段。自2018年8月李子柒天猫旗舰店上线以来，该店以美食商品为核心，成功吸引了大量消费者的关注和购买。李子柒的品牌建设以独特的IP为核心，通过精心打造的内容，将个人标签巧妙地融入各类商品之中，如螺蛳粉、酸辣粉等美食，进一步巩固了她的品牌影响力和市场地位。

在2021年7月14日发布视频后，李子柒因与公司纠纷而暂停更新视频，长达一千多天的停更期给她的IP带来了一定的冲击。在此期间，海内外社交平台涌现出众多模仿者，试图分享李子柒IP的流量红利。尽管如此，李子柒的IP影响力依然显著，其独特的品牌魅力和市场地位依然稳固。

尽管如此，李子柒的IP影响力依然很大，凭借着独特的品牌魅力、稳固的市场地位，复出后依然受消费者青睐。

...

# 第 **5** 章

## 抖音：
## 以社交撬动内容，
## 深挖兴趣电商潜力

抖音电商带有浓厚的社交色彩，在抖音上做内容电商，最关键的就是玩转"内容＋社交"，借助短视频、直播等社交化形式激发消费者的购买热情，进而促进商品的市场表现。同时，借助抖音上的社交互动和用户反馈机制，强化品牌形象，并增强用户的黏性与忠诚度。

# 5.1

## 注入社交赋能内容，内容电商更有活力

在粉丝经济、泛娱乐浪潮的推动下，抖音电商正在以前所未有的速度蓬勃发展，社交元素的赋能更是为其注入了无限活力与可能。在社交元素与抖音内容的结合下，抖音电商不仅成为消费者获取信息与做出购买决策的重要平台，更演变为一个集娱乐、互动、分享于一体的多元化生态体系。

**案例分析**

在繁华的都市背后，隐藏着许多传统手工艺人的故事。其中有一位名叫李明（化名）的手工匠人，他来自江南水乡，精通手工竹编手艺，曾一度因市场萎缩而面临手艺失传的危机。然而，自从他在抖音上开设了自己的账号，并分享起竹编制作的每一个精细步骤后，一切都发生了翻天覆地的变化。

李明巧妙地结合了短视频的直观性和社交媒体的互动性，让观众仿佛置身于他的工作坊中，亲眼见证一根根竹条如何在他手中化身为精美的篮子、灯具等生活用品。他的视频不仅吸引了大量关注，更激发了无数网友对传统手工艺的热爱与追捧。通过开设抖音电商，李明的竹编商品迅速走红，订单纷至沓来，不仅拯救了他的手艺，也为当地经济注入了新的活力。

**案例分析**

张薇（化名）是抖音上一位拥有数百万粉丝的美食博主，以其独特的烹饪技巧和幽默风趣的解说而广受好评。她并不满足于现状，开始尝试将美食与电商相结合，开启了自己的跨界之旅。

张薇精心挑选了来自全国各地的优质食材和特色小吃，通过直播和

短视频的形式向观众展示它们的独特之处。同时，她还在抖音店铺中上架了这些商品，让粉丝们能够轻松购买到心仪的美食。这种"边看边买"的购物体验极大地提升了用户的参与感和购买欲望，使得张薇的店铺在短时间内便取得了不俗的业绩。

**案例分析**

不同于传统电商平台的单调展示，抖音电商为科技商品提供了全新的营销舞台。某科技公司的市场总监王浩（化名）深知年轻消费者对于新奇、有趣事物的追求。因此，他决定在抖音上推出一系列以趣味实验和创意挑战为主题的短视频，来展示公司最新推出的智能穿戴设备。

在视频中，王浩和他的团队巧妙地设计了各种场景，如户外探险、运动健身等，将智能穿戴设备的功能与实际应用场景紧密结合。这种生动有趣的展示方式迅速吸引了大量年轻用户的关注，他们纷纷在评论区留言询问商品详情，并纷纷下单购买。通过抖音电商的助力，王浩成功地将公司的科技商品推向了更广阔的市场。

上述案例充分说明，抖音社交型电商的崛起不仅重新定义了购物体验，更成为无数电商创业者和品牌寻求突破的新蓝海。在这个充满无限可能的平台上，无数生动的案例正不断上演，它们以独特的方式展现着抖音内容电商的新魅力。

# 5.2
# 社交元素为抖音电商带来的改变

当社交元素深度融入抖音电商时，用户参与感、创新力、社群关系及营销策略均迎来了显著的蜕变。展望未来，随着技术的持续进步与消费者需求的多元化，内容电商将不断深化社交元素的融合与创新应用，为消费者打造更加丰富、有趣且便捷的购物新体验。社交元素为抖音电商带来了 4 个改变，具体内容如图 5-1 所示。

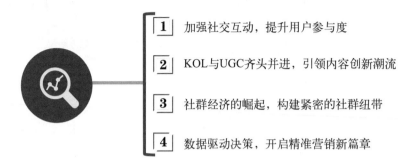

1 加强社交互动，提升用户参与度

2 KOL与UGC齐头并进，引领内容创新潮流

3 社群经济的崛起，构建紧密的社群纽带

4 数据驱动决策，开启精准营销新篇章

图 5-1　社交元素为抖音电商带来的 4 个改变

### （1）加强社交互动，提升用户参与度

抖音电商用社交构建起了企业与消费者之间的坚固桥梁。通过评论、点赞、分享以及直播等多种互动形式，促使消费者从被动接收信息的角色，转而成为内容的共同创造者和传播者。他们热情地参与讨论，分享独到的见解和购物心得，这种深度参与不仅使内容更加生动有趣，也显著提升了消费者对品牌的信任度和忠诚度。商家能够珍视这些宝贵的反馈，持续优化商品和服务，实现精准营销和个性化推荐。

### （2）KOL 与 UGC 齐头并进，引领内容创新潮流

在抖音内容创作者群体中，KOL（关键意见领袖）和 UGC（用户生成内容）并肩成为推动内容创新的双引擎。KOL 凭借其专业知识、独到见解以及庞大的用户基础，为品牌带来了巨大的曝光和流量；而 UGC 则以其真实、贴近生活的特性，激发了消费者的共鸣和参与热情。两者相辅相成，共同推动了内容电商在创新和品质上的飞跃。商家通过与 KOL 合作、举办 UGC 活动等策略，不仅丰富了内容生态，还加深了与消费者的情感联系，实现了品牌价值的深度传递。

### （3）社群经济的崛起，构建紧密的社群纽带

随着社交赋能的兴起，社群经济已成为抖音内容电商的一个重要发展方向。商家通过建立品牌社群、兴趣小组等，将志趣相投的消费者紧密地联系在

一起，形成了一个充满活力的社群。在这个社群中，成员之间自由交流、分享经验、互相帮助，形成了强烈的归属感和认同感。商家通过精细化的社群运营，深入洞察消费者需求，提供定制化的商品和服务。同时，借助社群的口碑传播力量，实现了品牌的快速扩张和稳健增长。

### （4）数据驱动决策，开启精准营销新篇章

社交赋能的抖音内容电商还开启了精准营销的新篇章。通过收集和分析用户在社交平台上的行为数据、偏好数据等宝贵信息，商家能够精准把握消费者的需求和购买意向，进而实施个性化推荐和精准营销策略。这种基于大数据的营销策略不仅大幅提升了营销效率和转化率，也为消费者带来了更加贴心、便捷的购物体验。商家还能根据数据分析结果不断优化商品和服务，强化品牌竞争力并扩大市场份额。

# 5.3
# 抖音内容电商的三种玩法

抖音电商在内容挖掘方面可大致划分为三类：第一类为纯内容模式；第二类为内容付费模式；第三类为广告模式。优质的广告本身也是内容，抖音平台的广告已不再拘泥于单调乏味的传统形式，而是采取更加生动、有趣且贴近民众生活的方式，巧妙融入各类内容之中。

## 5.3.1 纯内容模式：用趣味性内容调动大众消费热情

纯内容模式是抖音电商打造内容生态的最主流方式，是指通过精准内容的打造，吸引、锁定对该内容感兴趣的目标受众，然后通过在内容中植入商品信息，为抖音橱窗、小店引流等，来提升商品销售转化率，最终实现商品推广或销售的目标。那么，抖音电商如何更高效地打造纯内容模式呢？抖音平台为内容创作者们提供了6个便利条件，具体如图5-2所示。

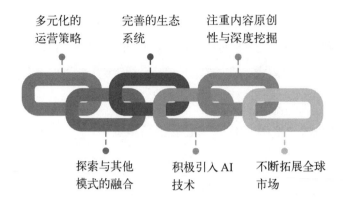

图 5-2　抖音为内容创作者打造纯内容模式提供的 6 个便利条件

### （1）多元化的运营策略

在内容打造上，抖音鼓励创作者们勇于创新，尝试多元化的策略，以增强内容趣味性，满足用户日益挑剔的"味蕾"。例如，不再局限于单一领域的内容输出，而是尝试跨界融合，将教育、娱乐、科技、时尚等多领域的知识巧妙结合，打造一系列趣味十足的精品内容。例如，美食博主在美食中巧妙融入地方文化、历史，让美食爱好者在品尝美食的同时也能感受到深厚的地方特色和文化底蕴，如图 5-3 所示；测评达人将趣味实验与商品测评结合，将复杂的知识以通俗易懂的方式呈现出来，进而激发观众对商品的浓厚兴趣，如图 5-4 所示。

### （2）完善的生态系统

抖音致力于构建一个全方位、多层次的内容生态系统，以满足创作者的创作需要。不仅可以提供丰富的工具、数据分析和版权保护服务，还举办创作大赛、开设培训课程、组织线下交流会等活动，激发创作者的创作热情，提升他们的专业素养与创作能力。抖音视频的数据分析功能如图 5-5 所示，抖音举办的创作大赛如图 5-6 所示。

### （3）注重内容原创性与深度挖掘

随着用户对于内容质量要求的日益提高，抖音上的创作者更加注重内容的原创性与深度。他们深入挖掘社会热点、行业趋势与用户痛点，创作出既具有深度又充满温度的内容作品，引发观众的共鸣与思考。这种趋势不仅提升了内容电商的附加值，也增强了品牌与消费者之间的情感联系与信任基础。

故乡的味道，是一种文化的传承，是一种历史的印记。无论是传统的小吃还是地道的特产，每一种美食都承载着一段故事，都见证着一段历史。故乡的味道让我们感受到岁月的沉淀和文化的底蕴，让我们在品尝的同时更加热爱这个神奇而美好的故乡。#家乡

图 5-3　美食推荐示例

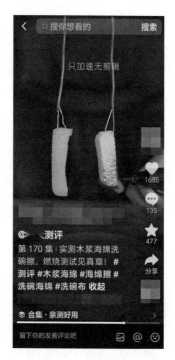

图 5-4　商品测评示例

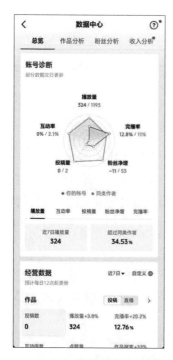

图 5-5　抖音视频的数据分析功能示例

图 5-6　抖音举办的创作大赛示例

### （4）探索与其他模式的融合

纯内容模式并非孤立存在，也要积极寻
求与其他模式的融合。例如，与直播带货相结
合，通过内容预热、直播互动与售后跟进等全
链条服务，提升消费者购买体验与转化率；与
社群相结合，利用抖音的社交属性构建基于兴
趣的购物社群，促进口碑传播与复购行为的
发生。

### （5）积极引入 AI 技术

抖音充分利用 AI 技术为内容赋能。通过
大数据分析、用户画像技术，精准捕捉消费者
的兴趣与需求变化，为创作者提供个性化内容
创作建议，助力他们产出更符合市场需求与受
众喜好的作品。同时，智能推荐算法也确保了
优质内容能够精准触达用户，进一步提升内
容传播效果。抖音后台的用户画像数据分析如
图 5-7 所示。

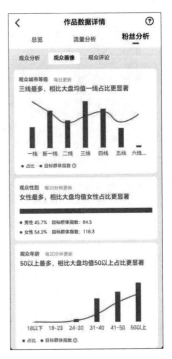

图 5-7　抖音后台的用户画像
数据分析示例

### （6）不断拓展全球市场

在全球化一体化大背景下，抖音正在积极推动纯内容模式的国际化进程。
通过多语言支持及跨境物流等举措，为创作者搭建面向全球的展示舞台，也为
全球消费者带来更丰富多样、独具特色的购物体验与文化交流机会。

综上所述，纯内容模式是抖音电商玩转内容的助力形式，并随着创作者的
不断探索与创新日益完善。展望未来，随着抖音技术的不断进步、市场的持续
优化，这种模式将继续发挥其主力优势，为品牌推广、商品销售提供更加坚实
有力的支持与保障。

## 5.3.2　内容付费模式：用"DOU+"打开传播的百宝箱

"DOU+"是抖音上一项付费推广工具，其深刻影响着内容的传播，成为
创作者手中一把开启无限可能的"钥匙"。此工具犹如百宝箱，为每一个创意

构思、每一段精彩故事、每一种独特声音注入前所未有的活力与传播效能。即便是那些原本默默无闻、隐匿于角落的内容，在"DOU+"独特算法的精准推送下也能焕发新生，触达更广泛的受众。

"DOU+"成功打破传统传播渠道的诸多限制，使内容不再受地域、时间、受众等因素的制约。无论创作者身处繁华都市，引领潮流，还是扎根偏远乡村，保留淳朴，只要拥有独到的见解与真挚的情感表达，都能在"DOU+"的广阔舞台上绽放独特光彩。这种前所未有的包容性与平等性，共同编织出一曲曲和谐动人的内容传播乐章。如今，"DOU+"已超越单一应用程序的范畴，演变为一个充满活力、鼓励创新的生态系统，汇聚了来自四面八方的创作者与用户，他们在抖音这个内容体系中共同创造着高质量的内容。

需要注意的是，"DOU+"虽然可以增加推荐量，而且这些推荐量都是真实有效的，但会被一些创作者误解，他们认为仅通过支付费用就可轻松实现视频热门化。实际上并不是，购买"DOU+"后，平台还会依据内容质量、完播率、点赞率、互动率等指标进行综合评估。只有当内容达到一定标准才能获得持续推荐，进而有可能成为热门内容。若内容质量低下，完播率、互动率等指标无法达到热门标准，即便购买"DOU+"，平台也不会额外增加推荐量。简而言之，内容直接决定其能够获得的推荐量上限，这是无法通过额外费用来代替的。若内容质量极差，甚至连购买"DOU+"的机会都没有。

因此，从某种程度上来说，"DOU+"的作用与广告相似。若商品本身质量不过关，即使广告再高级，也难以达到预期的推广效果。同样，"DOU+"也是，若内容质量无法达标，即便购买再多"DOU+"来推广，也无法达到预期效果。

## 5.3.3 广告模式：好的广告本身就是一种内容

在抖音平台上，广告不再是单调乏味的图文形式，而是以更生动、有趣、贴近大众生活的方式呈现。再加上算法技术的不断精进，抖音广告推送也变得愈发精准，能洞察每一位目标受众的心之所向，带来前所未有的个性化体验。

想象一下，当你正沉浸在一段搞笑视频中时，一条最新科技产品的广告悄然出现，但它并不令你反感，因为它创意十足，融入视频的欢乐氛围中。视频中，一位普通用户以轻松幽默的口吻，展示着某商品的独特功能和便捷操作，让你在欢笑之余不禁对商品产生了浓厚兴趣。又或者，你在浏览某美食视频时，一条来自当地餐厅的广告出现在屏幕一侧。不同于传统硬广告，它更像是一位贴心的美食向导，邀请你一同探索那些隐藏在街角巷尾的味蕾盛宴。精致的菜品在镜头下缓缓旋转，搭配着诱人的色泽与香气四溢的画面，让你仿佛能隔着屏幕闻到那股令人垂涎的味道。

抖音广告还常常与热门话题、节日庆典等热点结合，创造出既符合当下潮流又充满温情的内容。例如，春节期间各大品牌纷纷推出以"团圆""幸福"为主题的广告短片，通过讲述一个个温馨感人的故事，传递出节日的喜庆与品牌的关怀之情。

抖音也鼓励消费者参与广告的创作与传播过程，通过挑战赛、话题互动等形式，让广告成为连接品牌与消费者的桥梁。消费者可以围绕广告内容展开二次创作，打造属于自己的短视频内容，并分享给更多人观看。这种互动式广告不仅增强了消费者的参与感和归属感，也让广告的传播效果更加显著。

总之，抖音广告以其独特的魅力与创意，成为连接品牌与消费者的重要纽带。它们不仅传递着商品的信息与价值，更在无形中塑造着品牌的文化与形象。在未来，我们有理由相信抖音中的广告将会继续创新、发展，为用户带来更多惊喜与感动。

# 5.4

# 以短视频为突破口，打造社交型内容电商

随着短视频在众多行业的广泛应用，它逐渐成为各大电商平台吸引流量的关键入口。鉴于短视频所具备的社交特性，以短视频作为切入点打造内容矩阵，已经成为抖音内容电商做内容的重要策略。

## 5.4.1　差异化：内容新奇特，抓住大众注意力

在这个人人皆知抖音的时代，90% 的视频内容已经严重同质化，无法引起大众的观看兴趣。可以说，大众对千篇一律的短视频已经出现审美疲劳，所

以，对于内容创作者而言，要想在抖音上打造爆款视频越来越难。

这就需要内容创作者深入理解、精准把握爆款视频内在规律，综合运用各种技巧，善于打造爆款短视频。打造爆款短视频的第一个技巧就是内容要"新奇"，能在第一时间抓住大众注意力，激发他们看下去。如果做不到这点，那也一定要将大众化内容做精、做细，做到极致，体现与众不同、差异化的一面。

### （1）新奇

"新奇"一词融合了新颖、奇特之意，能够激发观众的好奇心。那些兼具"新""奇"的视频，往往能吸引观众持续关注。例如，某旅游类视频为了体现与大多数同类视频的不同之处，不惜时间和精力去深入拍摄未被探索的领域和令人震撼的自然奇观，或记录异国风土人情、神秘的文化等，如图 5-8 所示。这些内容不仅拓宽了观众的视野，更关键的是激发了大多数人对未知世界的探知欲和好奇心。

又如，科技类视频通过展示最前沿的科技、最舒适的使用体验和对未来运用领域的预测等，也可获得非常棒的效果，因为这些内容同样可以激发人们对未知的探索，如图 5-9 所示。

然而，新奇并不只是盲目追求稀奇古怪的一面。有时候，一些常规化的内容，通过创作者的巧妙构思和创意表现，也能散发出独特的魅力。例如，通过微缩摄影技术捕捉

图 5-8　某旅游类视频截图

图 5-9　某科技类视频截图

日常生活场景，或利用特效将普通物品转化为奇幻世界，这些创意都能让内容别具风味。

综上所述，新奇是打造独特内容的关键。在信息泛滥的当下，人们每天会接触大量信息，只有新奇的内容才能让人们停下来多看一番。因此，抖音电商若想在抖音上让自己的短视频脱颖而出，必须善于挖掘，做好细节，挖掘能够引起目标受众好奇心的内容。只要能为人们带来新鲜感，就有可能成为受欢迎的内容。

### （2）做精、做细

"精"是指精准、精细、精致，"细"是指关注细节。例如，"二更"是抖音上一个非常受欢迎的原创短视频账号，因在每晚"二更"时分更新而得名。作为同行的翘楚，其在内容的打造上始终追求精益求精，虽然都是些人间寻常的话题，但做到了灵魂深处，使其每一个视频都能吸引大量受众。

## 5.4.2 封面：内容吸引力的关键，提升打开率

在信息泛滥的时代，短视频内容琳琅满目，很多短视频都会被忽略，因此，如何抓住目标受众的注意力显得更为重要。一个引人注目的封面能够在浩瀚的视频海洋中脱颖而出，促使人们驻足并点击进入视频。因此，封面的选择必须深思熟虑，确保其能够在短时间内吸引观众的目光。好的短视频封面能大幅提高打开率，增强整体协调性、专业感和高级感。对于那些拥有固定受众群体的企业或品牌而言，还有品牌识别的功能。

一个独特的封面可以成为个人或品牌的标志，从而使得目标受众在观看内容时，即使不深入去看，也能通过封面迅速

图 5-10　某教学机构老师的抖音短视频封面示例

识别出该品牌特征。这种视觉上的连贯性和辨识度有助于增强目标受众尤其是老客户的忠诚度和归属感。图 5-10 所示为某教学机构老师的抖音短视频封面。这是以数学老师为视角的短视频，所以视频封面直接以数学题为主，既能充分展现内容专业性，为学生及家长传递有价值的信息，又有极高的连贯性、辨识度，从而在学生及家长心中留下深刻印象。

需要注意的是，短视频封面设置也不能随心所欲，必须符合平台要求。根据抖音平台的相关规定，封面必须与文章主题有关，且能为文章增补信息量。

### （1）平台对封面设置的要求

抖音平台对封面的设置有明确要求，具体如表 5-1 所示。

**表 5-1  抖音平台对封面设置的三点要求**

| 规则 | 具体解释 |
| --- | --- |
| 图片清晰度 | 图片应该使用高质量的或精心设计的，确保封面在不同设备和分辨率下都能保持清晰 |
| 图片与内容关联性 | 图片应当与所描述的内容具有明确的关联性，能直观体现内容的主题或核心信息，确保信息的准确传达 |
| 禁止使用的图片 | 为维护平台网络环境的健康与用户体验，以下图片禁止使用：<br>（1）包含不良诱导的图片，即可能诱导用户产生不良行为或观念的图像，此类图片不被允许发布<br>（2）偷拍类图片，包括未经许可拍摄并公开的他人隐私照片，平台严禁此类图片的发布<br>（3）涉及男女亲密同框等易引发低俗、恶俗等不良想象的图片，这类图片可能对用户的心理和道德产生不良影响，因此也被禁止发布 |

在明确抖音官方对封面的要求之后，创作者就可以按照要求选择封面，展示视频最优质的一面。

### （2）优质封面的评价标准

什么样的封面才算得上优质呢？一般来讲，需要达到表 5-2 所示的五个标准。

表 5-2　抖音评价封面是否优质的五个标准

| 要求 | 具体解释 |
|---|---|
| 能精准体现视频的内容 | 短视频封面不仅用于吸引观众的注意力，还承载着传达视频主题和内容的重要使命。一个精心设计的封面能够迅速向观众展示视频的核心信息，帮助他们判断是否值得点击观看 |
| 能弥补标题未详尽之处 | 鉴于标题的字数限制，部分关键信息可能未能全面呈现。这时就需要封面做有效补充，为用户提供更多信息，以增进其对内容的理解 |
| 能构建真实与沉浸式体验 | 在标题已明确文章主旨的基础上，应选用能够展现具体场景、具备强烈代入感的图片作为封面，以深化用户对标题的感知与体验 |
| 能表达情感与氛围 | 视觉元素在情感表达方面有直观性和强效性。封面应发挥弥补标题在氛围营造方面不足的作用，通过视觉元素强化或补充文章所要传达的情感与氛围 |
| 符合目标受众需求 | 在选择封面时应充分考虑目标受众的性别与年龄特征。例如，若目标受众以男性为主，可选用写实风格的图片；若以女性为主，则可选择色彩丰富、设计感强的图片，以更好地迎合其审美偏好 |

## 5.4.3　标签：精准定位内容，选用高质量的标签

对于大部分抖音电商而言，尽管每天会发布大量短视频内容，但真正能够吸引大众广泛关注并引发深入讨论的寥寥无几。其中一个重要原因是内容缺乏"标签"。"标签"指的是在特定领域或话题中具有显著影响力和辨识度的词语或短语。

在抖音发布视频，选用与内容高度契合、具有高热度的标签，对于提升视频的播放率影响极大。标签是抖音短视频的主要特征之一，它贯穿于每一个视频之中，是平台精准推送的主要参考指标。

因此，为了确保视频精准地触及目标受众，内容创作者除了注重创作本身外，还要掌握为视频选择标签的技巧。那么，如何选择合适的标签呢？通常来说，高质量的标签具有以下四个特征，如表 5-3 所示。

表 5-3　高质量标签的四个特征

| 特点 | 具体解释 |
| --- | --- |
| 高关注度 | 标签所涉及的话题往往拥有广泛的受众基础，能吸引大量用户的关注 |
| 独特性 | 标签所代表的话题需具备独特性和创新性，以便在海量内容中脱颖而出 |
| 持续热度 | 标签所涉及的话题需紧跟时事热点，确保持续吸引用户的关注 |
| 可讨论性 | 标签所涵盖的话题应具有一定的争议性和讨论价值，以激发观众的参与热情，提高文章的互动性和传播力 |

在掌握高质量的标签特性之后，接下来就是进行精准挑选。首先，要挑选"大类标签"。所谓大类标签，指的是平台依据视频目标受众涉及的行业、领域等因素进行的概括性分类。比如，根据受众性别差异划分的大类标签如表 5-4 所示。

表 5-4　抖音男性、女性受众阅读偏好大类标签

| 男性 | 标签含义 | 女性 | 标签含义 |
| --- | --- | --- | --- |
| 财经 | 涉及经济、金融、股票等相关内容 | 时尚 | 时尚资讯、穿搭建议、美容美妆等内容 |
| 科技 | 新技术、科技商品、科技新闻等内容 | 健康 | 健康养生、健康运动、饮食营养等内容 |
| 体育 | 体育新闻、赛事报道、运动技巧等内容 | 情感 | 情感故事、心理健康、人际关系等内容 |
| 汽车 | 汽车测评、新车发布、汽车保养等相关内容 | 美食 | 美食制作教程、餐厅推荐、饮食文化等内容 |
| 军事 | 军事新闻、历史战争、军事技术等内容 | 旅游 | 旅游攻略、目的地推荐、旅游心得等内容 |

大类标签虽然覆盖范围广泛，但难以实现精准触达。因此，还要有对这类标签进行更细致划分的细分标签。那么，如何对大类标签进行更细致的划分呢？以母婴、美妆、养生为例，这三类都属于大健康行业类标签。尽管它们同属一个行业，但差异性很大。例如，在母婴领域，标签的划分非常详细。

## （1）成长阶段

根据宝宝的发育阶段，常见标签包括"新生儿""婴儿""幼儿""学龄前"等。我们还可以进一步细化，例如"早产儿""早产儿后期""爬行期""学步期"等，以满足家长对不同成长阶段孩子的特殊需求。

## （2）健康需求

根据宝宝的养育需求，常见的标签有"营养补充""辅食添加"等。同时，根据现代家庭对食品安全和健康的高度重视，我们可以增加"有机食品""无添加""抗过敏"等标签。

## （3）教育启蒙

针对宝宝的启蒙教育，常见的标签有"早教玩具""绘本阅读"等传统教育标签。同时，我们还可以看到"STEM教育""艺术启蒙""音乐启蒙"等新兴标签，这反映了家长对孩子全面发展的期望。

## （4）妈妈关怀

针对产后妈妈的需求，有"产后恢复""哺乳用品"等标签。我们还可以看到"母乳喂养支持""产后心理调适"等标签，这体现了对母亲身心健康的全面关怀。

这些细分标签不仅帮助消费者快速找到自己所需的商品或服务，也为商家提供了有效的市场细分工具。综上所述，为了打造具有广泛影响力的视频，内容创作者需要先从大类标签中寻找切入点，圈定内容所属行业。同时，选择细分标签，对所属行业进行细分，保证内容的高度垂直性，以便平台能够更精准地匹配目标受众，从而提升视频传播的有效性。

## 5.4.4 话题：给视频植入热门话题

视频往往需要融入特定的话题，只有话题存在，才能激发目标受众的积极参与和互动，进而提高视频的观看次数、点赞数、评论量以及分享频次。抖音平台官方经常推出一些热门话题，这些话题一经发布，便能引发众多用户参与其中。若能将这些热门话题与视频内容巧妙结合，将显著提升视频内容的价值。

> 抖音平台曾推出一项名为"踢瓶盖挑战"的活动，该活动吸引了众多知名人士参与，他们纷纷制作与踢瓶盖相关的视频，赢得了广泛的关注和赞誉。相应地，这些明星的参与也使得挑战活动的影响力进一步提升。
>
> 在活动期间，一位女孩也参与了这一话题，连续发布了四期视频。她从简单的踢瓶盖开始，逐步挑战更高难度的动作，如踢风油精瓶盖、用高跟鞋开启啤酒瓶盖、踢螺丝帽等，这些视频显著提高了她的知名度和影响力。

可见，要想提升内容质量和扩大传播范围，离不开好的话题。话题对视频的作用主要表现在三个方面，如表 5-5 所示。

表 5-5 话题对视频的三个作用

| 作用 | 详细解释 |
| --- | --- |
| 确保内容输出 | 做抖音短视频，最基本的要求就是持续稳定地输出内容，而内容持续输出的前提是一定要有自己的话题 |
| 凸显视频主题 | 话题也是主题的意思，适当的主题可以帮助系统准确定位视频内容，更精准地推荐给受众，使账号在冷启动阶段获得更好的开始 |
| 扩大引流 | 话题的流量属性非常强，即使主题本身与内容不太符合，因为热门主题的流量非常大，在账号的冷启动阶段也会带来良好的流量 |

当然，参与话题并非随心所欲，选择合适的话题至关重要。在挑选话题时，应考虑以下 3 个要点。

## （1）确保话题与视频内容匹配

话题必须与视频内容紧密相关，这样才能确保视频的特色得到充分展现。若选择不当，不仅无助于提升视频质量，反而可能带来负面影响。

## （2）话题具有广泛视角和多样性

话题的选择应具有广泛的视角，以促进内容的多样性和差异化，从而推动短视频内容的持续创新与更新。鉴于目标受众的喜好可能随时间而变化，即便他们对某一类型视频情有独钟，长时间观看相似内容也可能导致兴趣减退。因此，不断丰富视频内容的多样性对于保持受众的兴趣至关重要。参与多样化的话题讨论，将使视频内容更加生动有趣。

**（3）便于构建话题矩阵**

构建话题矩阵需要对话题进行等级划分，例如分为 S 级、A 级和 B 级。S级话题通常能引起受众的强烈共鸣或具有极高的讨论价值，属于热门话题；A级话题则适合日常互动，便于与受众保持日常联系；B 级话题通常涉及突发事件或现象，根据特定需求或情况而定。在内容更新时，应根据话题的不同级别进行合理安排。例如，在用户活跃度最高的周末，安排 S 级或 A 级话题发布；而在活跃度相对较低的周二、周三，则可发布 A 级话题，以适应不同时间段的用户行为。

## 5.4.5　拍摄：优质的画面是优质视频的基础

高质量的画面是构成优质视频的关键要素之一，它不仅有助于提升观看体验，还能有效地传达视频内容和主题。为了帮助内容创作者方便、快捷地拍摄出更加优质的视频画面，下面介绍五个短视频拍摄技巧。

**（1）善于运用分拍和合拍**

短视频可以连续拍摄，也可以分段拍摄，也就是拍一段视频后暂停，再换个场景或镜头拍下一段，最后将多个片段拼在一起，形成一个完整视频。只要两个或多个场景的转场做得好，拼接视频的效果就会很酷炫。

例如，在拍摄"一秒换装"视频时就可以借助分段拍摄。视频的主角穿好一套衣服后，拍摄者按住按钮拍摄几秒视频，然后暂停拍摄。此时，可以再换另一套衣服，摆出跟刚才拍摄时一样的姿势，重复前面的"拍摄→暂停"步骤，直到换装完成。

合拍是短视频的另一种拍摄技巧，利用这种技法，抖音上曾出现过不少爆款视频。合拍的操作步骤如图 5-11 所示。

**（2）掌握拍摄速度的快慢**

在拍摄过程中，不仅可以选择滤镜和美颜等，还可以自主调节拍摄速度。

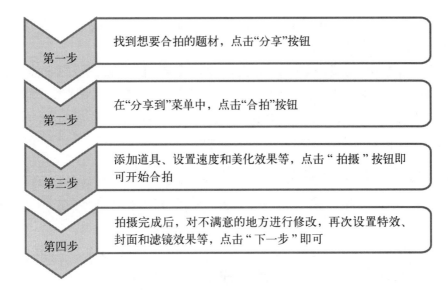

第一步　找到想要合拍的题材，点击"分享"按钮

第二步　在"分享到"菜单中，点击"合拍"按钮

第三步　添加道具、设置速度和美化效果等，点击"拍摄"按钮即可开始合拍

第四步　拍摄完成后，对不满意的地方进行修改，再次设置特效、封面和滤镜效果等，点击"下一步"即可

**图 5-11　合拍的操作步骤**

其中，快慢速度调整和分段拍摄是抖音最大的特点，利用好这两个功能就能拍出很多酷炫的短视频效果。

快慢速度调整就是调整音乐和视频的匹配度，使之协调。如果选择"快"或者"极快"，拍摄的时候音乐就会放慢，相应的视频成品中画面就会加快。反之，如果选择"慢"或者"极慢"，拍摄时的音乐就会加快，成品中的画面就会放慢。

快慢速度调整功能有助于创作者找准节奏，一方面，可以根据自己的节奏做对应的剪辑创作，会使拍摄过程更舒服；另一方面，不同的拍摄节奏也会改善内容的同质化问题，即使是相似的内容，不同的节奏所展现的效果也是截然不同的。

如果放慢音乐速度，能更清楚地听出音乐的重音，也就更容易卡到节拍。这就降低了用户使用的门槛，让一些没有经过专业训练的人也能轻松卡准节拍。如果加快音乐速度，相应地放慢人物的动作，最后的成品也会有不一样的效果。

### （3）调整拍摄光线的明暗

拍摄时的光线十分重要，好的光线可以有效提高画面质量。尤其是在拍摄人像时要多用柔光，会增强画面美感，避免明显的暗影和曝光；如果光线不足可以手动打光，灯光打在人物的脸上或用反光板调节。还可以用光线进行艺术创作，例如用逆光营造出缥缈、神秘的艺术氛围。

除了手机自带的闪光灯外，还可以购买一个专业的外置闪光灯。这种闪光灯一般是采用 LED 光源，光线比较柔和，可以让画面更加清晰柔美，人物的皮肤看起来也会更加白皙。还可以自由调节外置闪光灯的亮度，配合超宽的照明角度，可以实现 360° 旋转，满足不同的拍摄需求。

### （4）手动设置曝光和聚焦

在拍摄短视频的时候，拍摄的画面要有一定的变化，不要一直是同一个焦距、一个姿势拍摄全程，要通过推、拉、摇、移、跟这类运动镜头拍摄。横向运动的摇镜头可以使画面富有变化，突出故事情节。在拍摄人物时，可以通过推镜头来进行远、全、中、近、特写画面的切换，这样才会使镜头富有变化，增添活力。

尤其是对智能手机来说，AE（ Automatic Exposure，自动曝光控制装置）锁定很重要，这会减少曝光，尤其是在进行围绕拍摄时，更要注意锁定AE。至于手动控制对焦，在从远及近地靠近人物拍摄时，这个功能非常实用。不同的手机设置焦距的方法也不同，具体设置可以根据机型上网搜索。

### （5）调整视频拍摄的分辨率

在使用其他相机应用拍摄视频时，一定要选对文件格式，将分辨率调到最高。一般建议设置为 1080P，60fps；录制慢动作时选择 1080P，120fps。

## 5.4.6　剪辑：精心剪辑让视频与众不同

玩朋友圈可以随拍随发，玩抖音则需要精心剪辑。抖音有很多精美绝伦的视频，视觉效果非常好，仅仅十几秒就有大片的感觉，其实这应该归功于剪辑。所谓"三分拍，七分剪"，做抖音短视频务必在剪辑上下功夫。在视频剪辑过程中，选用专业的剪辑工具至关重要。以下是抖音短视频剪辑时常用的几款工具。

### （1）快剪辑

快剪辑作为广泛应用的视频编辑工具，其操作简便且功能全面，涵盖了滤镜应用、多段视频拼接、播放速度调整及一键适配等功能。此外，该工具还提供了丰富的 vlog 模板，包括电影风格、音乐相册、热门话题及特定主题等，以满足不同创作需求。支持自定义视频分辨率与码率，且完全免费。内置丰富的教程资源，特别适合初学者使用。

### （2）猫饼

猫饼视频剪辑工具以其独特的字幕功能脱颖而出，提供了多样化的字幕模板，分为经典、趣味、智能及标题四大类别。用户可根据需求选择时间、地点、天气等预设模板，或自定义文字内容、字体颜色及类型，以生成个性化的视频标题。

### （3）大片

大片剪辑工具汇聚了多种高级视频模板，特效与转场效果极为出色。用户可根据视频内容挑选合适的模板，瞬间提升视频质感。该工具内置的大量高端模板尤其适用于视频开头，能够迅速吸引观众注意力。许多视频拍摄者利用这款软件创作出引人入胜的开场片段。

### （4）一闪

一闪视频剪辑软件以其黑场文字功能与高品质滤镜而受到抖音用户的青睐。黑场文字功能适用于视频画面的突然过渡与切换场景，而滤镜区则包含了模拟柯达、富士等 20 多款经典胶片滤镜，用户可根据喜好调整滤镜强度。此外，Vue 滤镜种类丰富多样，可以满足不同风格的创作需求。

### （5）iMovie

iMovie 是一款专注于视频画面过渡、切换与转场效果的剪辑工具。与一闪相比，其过渡效果更为流畅自然。该工具内置了多种过渡效果选项，如"主题""融合""滑入""抹涂""淡化"等，以满足不同场景下的创作需求。

### （6）黄油相机

黄油相机以其强大的贴图功能与特色滤镜而著称。滤镜类型包括拍立得效果、电影感边框等，用户导入视频后可轻松添加趣味图案与复古贴纸，为视频增添独特魅力。

### （7）OLDV 相机

OLDV 相机是一款拥有复古风格的拍照摄像软件，内置迪斯科音乐与激光效果选项。用户可在拍摄过程中手动添加这些元素，并对画面进行缩放处理，以创作出妙趣横生的视频作品。

### （8）8毫米相机

8毫米相机支持用户实时录制具有复古质感的视频片段，并内置多种复古滤镜供用户选择。用户导入视频后可手动添加灰尘、划痕、复古色调、光影闪动及漏光等效果元素，为视频增添怀旧氛围。对于追求复古风格视频创作的用户而言，这款 App 无疑是最佳选择。

### （9）Videoleap

Videoleap 是一款功能丰富且趣味横生的视频剪辑工具。用户可导入视频进行合并剪辑、添加文本内容、添加蒙版效果及调整色调等操作。同时，该工具还提供了过场动画艺术效果及独有的绿屏功能，并支持关键帧添加以实现更复杂的动画效果。

### （10）巧影

巧影视频编辑软件功能全面且强大，支持多重视频叠加与特色背景抠像功能，可实现视频内容的创造性混合。此外，该软件还提供了多层混音、曲线调音及一键变声等音频处理功能，并支持关键帧操作以轻松实现动画效果。视频变速功能最高可达 16 倍速，满足用户多样化的创作需求。

# 5.5
# 抖音直播，直接将社交力转化为销售力

在转化率方面，直播相较于短视频更有优势。借助直播的形式，内容电商能够直接将社交影响力转化为销售能力。那么，如何做好一场直播呢？需要掌握必要的技巧和方法。

## 5.5.1  精心设计脚本，提升直播吸引力

内容电商在抖音上直播的首要任务是为主播精心策划直播脚本，确保整场

直播都紧扣主题，强化对观众的持续关注度。那么，如何设计直播脚本呢？

## （1）确定直播的目标

在策划直播脚本时首先要明确直播目的，是吸引观众，还是直接带货？是为提升品牌知名度、展示新品，还是展开促销活动？目标将直接影响直播内容和展现形式，同时，不同的目标还需要匹配不同的内容。

例如，直播目标是介绍新品，内容则应着重于展示商品的外观、功能及亮点，利用视觉效果迅速吸引用户注意力。若目标是营销推广，则应结合商品使用场景，通过真人演示，展示商品的使用方法和操作步骤。

## （2）设计脚本结构

直播脚本结构应简洁明了、紧凑有序。碎片化信息占据了人们的生活，大多数人对直播的关注往往不会超过5秒。因此，需精心设计脚本结构，确保在开头的关键5秒内便能成功引起用户的好奇心。随后，在中间部分展示商品的独特卖点或引发用户共鸣，最后在结尾部分预告新品发布、提供购买链接或强化品牌口号。一个典型的直播脚本结构通常包括以下三个部分：

① 开场，迅速吸引观众的注意力，可以是引人入胜的画面、问题或引用；

② 简要介绍直播的主题和目的，详细解释或展示直播的核心内容；

③ 结尾，总结要点，鼓励观众采取行动（如点赞、分享或购买）。

为直观展示脚本结构的设计方法，下面将以一段时长为1小时的直播脚本为例进行详细阐述，如表5-6所示。

**表5-6　时长1小时的直播脚本结构安排**

| 时间段 | 时长 | 脚本设计注意要点 |
| --- | --- | --- |
| 开头 | 0~5分钟 | （1）吸引注意：使用吸引人的语言或富有悬念的开头，迅速抓住观众的注意力；<br>（2）引出主题：简明扼要引出本次直播的主题，让观众知道并期待接下来即将看到的内容 |
| 内容主体 | 5~50分钟 | （1）展示商品：详细展示商品的功能、使用场景、独特卖点等，可插入商品的实际操作演示、用户体验分享等；<br>（2）情感共鸣：通过讲故事或情感渲染，让观众产生共鸣，例如展示商品如何改变使用者的生活质量 |

| 时间段 | 时长 | 脚本设计注意要点 |
|---|---|---|
| 结尾 | 最后10分钟 | （1）引导购买：明确告诉此时收看直播的观众下一步该做什么，例如插入"点击链接购买""关注我们的账号了解更多"等内容的口播或文字提示；<br>（2）强调品牌：在直播结尾展示品牌标志、口号等，加强观众对品牌的印象；<br>（3）引导互动：鼓励观众在观看完直播后关注账号并在评论区互动、分析直播等，提高直播的传播力 |

## 5.5.2 根据直播内容精心执行和优化脚本

在了解如何设计直播脚本之后，接下来深入探讨一下脚本的执行。一个好的直播脚本不仅要有吸引人的内容，还需要具备明确的指导性和可操作性，以确保直播的顺利进行。

### （1）将脚本分段

首先要将脚本分段，每一段都应该有一个明确的主题，并且内容之间应该有一定的逻辑联系。分段可以帮助我们更好地掌控直播的节奏，同时，也便于观众理解和接受信息。

### （2）添加具体场景描述

为每段添加具体的场景描述。场景描述应该尽可能详细，包括人物的动作、对话、表情以及背景的布置等。这些详细的描述不仅可以帮助导演和演员更好地理解脚本，还可以为后期制作提供丰富的素材。

### （3）添加背景音乐和音效

在场景描述的基础上为直播添加背景音乐和音效。背景音乐和音效可以增强直播的氛围，使观众更加沉浸在直播中。因此，在选择音乐和音效时，我们需要根据直播的主题和风格进行挑选，以确保它们能够与直播内容相互呼应。

当然，一个好的直播脚本还需要一些其他技巧。例如，使用简洁明了的语言、引入视觉元素、添加情感元素等。具体内容如表5-7所示。

**表5-7　设计直播脚本的五个关键做法**

| 做法 | 具体内容 |
|---|---|
| 使用简洁明了的语言 | 避免使用复杂的词语和句子结构，目标是让观众轻松理解内容，同时，保持语言生动有趣，避免单调乏味 |
| 引入视觉元素 | 在脚本中注明需要展示的视觉元素，如图片、图表、动画等，这些元素可以帮助解释复杂的概念，并优化观众的观看体验 |
| 添加情感元素 | 在脚本中融入情感元素，如幽默、感人或励志的故事，这些元素可以让观众产生共鸣，并增强他们对直播的记忆度 |
| 考虑节奏和节奏变化 | 在脚本中设置明确的节奏和节奏变化点，这可以帮助观众保持兴趣，并引导他们跟随直播的叙述。例如，在介绍复杂概念时可以适当放慢节奏；在展示亮点时可以加快节奏 |
| 适配不同的平台和设备 | 考虑到直播可能在不同的平台和设备上播放（如手机、平板电脑、电视等），确保脚本能够适应各种屏幕尺寸和分辨率 |

最后，还需要不断地对脚本进行修改和优化。在直播过程中，我们可能会遇到一些意想不到的问题和挑战，这时就需要我们对脚本进行相应的调整和修改。通过不断修改和完善，确保直播脚本能够更好地满足我们的需求，同时提高直播的质量和吸引力。

总之，设计直播脚本是需要耐心的，只有充分考虑到各个方面的因素，并不断地进行修改和完善，才能够创作出优秀的直播脚本。

## 5.5.3　一定要真人出镜，增强直播感染力

当前，众多直播倾向于采用无人直播或AI直播，然而，这些方式显著削弱了直播的成效。在进行直播活动时，务必确保有真人出镜。尤其是利用直播给电商带货、引流，真人出镜是非常重要的，这对于提升直播效果和用户的亲切度、参与度有着重要作用。

例如，某化妆品品牌的直播通过模特的实际商品演示，让观众的注意力都集中在化妆品能为消费者带来的改善上，进而拉近主播与观众之间的距离，增加品牌亲和力与信任感。

由此可见，真人出镜对直播的影响是非常大的。它能够为观众提供更加真

实和亲切的观看体验，从而增强观众的参与感和忠诚度。此外，真人出镜还能够有效地传递主播的情感和个性，使得直播内容更加生动和有吸引力。通过与观众的实时互动，主播可以及时回应观众的反馈，进一步提升直播的互动性和观众的满意度。直播中真人出镜的优势如表5-8所示。

**表5-8 直播中真人出镜的优势**

| 优势 | 详细解释 |
| --- | --- |
| 增加主播可信度 | 直播中的人脸呈现增加了内容的真实性和可信度，观众往往更愿意信任来自真实人物的信息 |
| 提升观众互动性 | 真人出镜显著提升了观众的参与感和互动性，通过与观众建立情感联系，增强了节目的吸引力 |
| 提高观众留存率 | 主播的个人魅力和表现力能够有效地吸引并留住观众，从而提高观众的观看时长和回看率 |
| 增强品牌故事性 | 真人出镜为品牌或商品提供了更为直观的展示平台，有助于传播品牌故事和价值观 |

## 5.5.4 给直播间选择合适的配音和配乐

给直播间选择合适的、与主题相符的音乐，可以营造浓厚的直播氛围，提升观众的观看体验，增强直播内容的吸引力，使观众更容易沉浸在直播内容中。同时，合适的配音可以有效传递主播的情感和态度，让信息传递更加生动和有效。

直播与图片、文字最大的不同就在于直播可以通过声音、画面向观众传达信息。因此，在直播时必须选择合适的音乐。选择合适的音乐包括两方面：一是配音，二是配乐。

（1）配音

指的是在直播中添加讲解或旁白解说音轨，通过语音来传达信息、解释内容或讲述故事，通常由专业的配音演员、直播中的模特或直播制作者本人来录制，其目的是对直播画面展示不到的内容予以补充和完善。

## （2）配乐

指的是在直播中添加背景音乐，通常是为了营造特定的氛围、情感，可以是轻音乐、电子音乐、管弦乐等，这取决于直播的内容、商品调性以及受众所接受和喜爱的风格。

直播的配乐十分重要，将直接影响到直播对观众的吸引力、直播本身的观赏性和信息传达的效果。换句话说，一旦我们选择了与目标受众不契合，或是与商品调性不匹配的配音和配乐，受众划走该直播的概率将大幅提高。

大多数直播在抖音发布时都会配乐，而配音则各有不同。有的直播有真人解说或旁白，有的直播则没有。实际上，影响直播是否配音的因素有很多，如表5-9所示。

表5-9　影响直播配音的因素

| 影响因素 | 详情介绍 |
| --- | --- |
| 内容类型 | 技术性较强的内容通常需要配音予以解释补充信息和细节，例如科技类商品介绍、操作指南、知识讲解等 |
| 目标受众 | 某些品牌注重和消费者之间的情感沟通与共鸣，通常会使用配音来增加直播的情感层次和故事性；同时，年轻受众可能更喜欢轻松有趣、无需配音的直播内容，而更为成熟、追求专业的受众群体可能更倾向于有详细的解说和专业的配音 |
| 预算和制作资源 | 配音需要额外资源的支持，如专业的配音演员、录音设备、后期处理等，如果公司预算有限，往往会省略配音，尤其是在公司需要频繁制作直播时 |
| 直播风格和创意 | 一些公司会选择制作无配音直播，仅靠有配乐（或无配乐）、视觉效果的直播来传达创意和信息，例如利用字幕、图表、动画来展示信息，这种方式往往可以产生独特的艺术效果 |

根据品牌风格、商品调性、受众需求等因素，若决定制作需要配音和配乐的直播，就必须注意配音、配乐与直播内容的适配性。现将相关要点进行总结，如表5-10、表5-11所示。

表 5-10 直播选择配音的要点

| 注意事项 | 内容 |
|---|---|
| 选择专业配音 | （1）配音应该清晰、专业、音质优良，应使用专业的录音设备和录音室；<br>（2）配音的语调应与直播内容相匹配，如果是促销直播，配音可以充满活力，如果是品牌故事，配音应情感充沛 |
| 信息传达准确 | 配音应确保能准确传达直播中的关键信息，将复杂的商品功能和使用方法等信息去繁化简地讲解给观众 |
| 注意节奏控制 | （1）配音的语速应与直播画面同步，确保信息传达的清晰和精准；<br>（2）配音的节奏应适当，避免过快或过慢，以免影响观众观看体验，保证观众能保持足够的注意力 |

表 5-11 直播选择背景音乐的要点

| 注意事项 | 内容 |
|---|---|
| 选择合适的音乐 | 背景音乐应与直播主题和情感氛围相符，如果是促销直播，可以选择轻松活泼的音乐；如果是品牌故事，可以选择柔和感人的音乐 |
| 注意音量平衡 | （1）如果直播有配音，则背景音乐的音量应保持适中，不应盖过配音，应起到烘托作用，来提升观众的整体观看体验；<br>（2）根据直播不同部分的需求，可以动态调整背景音乐的音量，来适应情节的变化，满足信息传达的需求 |
| 注意版权问题 | 选择的背景音乐应经过合法授权，避免版权纠纷，确保直播的合规性和专业性 |

第**6**章

...

# 快手：
# 以信任为驱动力，
# 打造信任电商新形态

抖音 · 快手 · 小红书 · 视频号

E-commerce

　　快手在内容电商的构建策略上与抖音相似，核心是通过高质量的内容带动消费者享受一场独特的购物之旅。然而，两者在构建的逻辑上存在很大差异，抖音侧重兴趣电商，而快手则侧重信任电商。本章着重阐述两者的底层逻辑，分析快手是如何围绕"信任"去做的，让商家卖得舒心，让消费者买得放心。

# 6.1

## 抖音"兴趣电商"和快手"信任电商"的逻辑

在自媒体持续发展的过程中，电商涌现出众多模式，特别是随着快手和抖音的崛起，一大批新型电商已成为不容忽视的重要力量。随着抖音提出"兴趣电商"的概念，快手提出"信任电商"的概念，人们开始认识到新型电商正在对传统电商进行彻底颠覆。

### 6.1.1 抖音的"兴趣电商"逻辑

随着电子商务行业步入存量竞争时代，众多平台纷纷采取措施以巩固其用户基础。他们不遗余力地增加促销优惠，延长活动期限，但似乎并未充分激发消费者的购买热情。这并非因为市场需求减少，而是电商购物的逻辑发生了转变，消费者更倾向于为人的因素买单，而不仅仅是商品本身。广告大师大卫·奥格威曾指出：一个普遍适用的真理是，必须先建立友谊，他才会接受你的忠告。换言之，消费者越信任你，就越愿意购买你的商品。这一逻辑适用于品牌，同样适用于电子商务。依据消费者的消费特征，电商的发展可划分为三个阶段。

（1）第一阶段：电视时代与线下时代

在内容相对稀缺的历史时期，消费者注意力呈现高度集中的态势。20 世纪 90 年代，部分热门电视节目的收视率一度超过 50%。企业通过在此类热门节目中投放广告，能够成功吸引消费者关注，进而塑造品牌形象。彼时，获得中央电视台广告标王的企业，往往能在市场中占据领先地位。然而，这种迅速崛起的方式亦伴随着显著的风险。

（2）第二阶段：电视与搜索时代

进入 21 世纪，随着互联网技术的蓬勃发展，内容供给量显著增长，但电视节目与搜索引擎依然发挥着各自的作用。电视节目（含互联网长视频）依然占据了消费者的大部分注意力，而搜索引擎在消费者做出购买决策时的作用日益凸显。企业通过电视节目吸引消费者关注，再利用搜索引擎的竞价排名机制促成交易，成为这一时期品牌建设的核心策略。随着电商平台的崛起，平台自身也逐渐成为消费者认知的一部分，平台内部搜索对引导成交的重要性日益提升。

（3）第三阶段：算法兴趣推荐时代

此阶段的核心在于内容的爆炸式增长，全民自媒体创作的兴起推动了内容数量的急剧增加。以快手为例，其平台创作者每年上传的内容时长（涵盖短视频与直播）远超爱奇艺每年新上线的内容时长（包括剧集、综艺、动画、电影）。加之抖音等平台的内容供给，内容量远超前两个时代。通过算法的精准匹配，海量内容能够根据消费者的兴趣进行分发，显著提升了用户体验。然而，从注意力分配的角度看，每个内容所获得的平均流量大幅减少。在此背景下，前两个时代的品牌建设策略已难以适用，集中化的流量场景不复存在，整个商业结构将因此发生深刻变革。

简而言之，兴趣电商实为字节跳动公司整体信念的延伸，即算法能够提升整个体系分发的效率。未来，电商品牌的发展趋势或将与内容产业类似，呈现更加垂直化、个性化的特征。与其说是品牌，不如将其视为一种服务（BaaS，Brand as a Service）。抖音电商大会上提出的商家 UP 计划，旨在助力 1000 个商家实现年销售额破亿元的目标，其中 100 个新锐品牌亦能达到此目标。这些新锐品牌正是抖音希望推动的，因为在注意力重构的背景下，品牌亦将经历重构。

## 6.1.2 快手的"信任电商"逻辑

为了深刻领悟信任电商的来龙去脉，我们的探索需回溯至市场经济萌芽之前，追溯至小商品经济的原始形态。彼时，商业活动主要根植于熟人间的信任，具有较强的地域聚集性，全国诸多地区均有固定的从事特定行业的群体，交易双方主要通过原始的社交形态达成交易。事实上，快手的信任电商模式与传统商业形态有着诸多相似之处。或许有人会产生疑虑，这是否意味着信任电商在某种程度上较为滞后。

快手研究院所著的《直播时代：快手是什么 II》中阐述了如下观点：自小商品经济时代起，线下商业便深深依赖于熟人间的信任经济。随着品牌时代与商超时代的来临，市场对标准化商品进行了品牌化与市场化改造。互联网的普及，使得电商平台借助支付系统与店铺信任体系，推动了标准化商品的电商化进程。然而，自商超时代至今，包括互联网货柜式电商在内的各类平台，主要聚焦于解决标准化商品与低价非标准化商品的问题。对于缺乏行业标准且单价较高的非标准化商品，电商平台尚未能有效实现其线上化转型。简而言之，在行业标准尚未建立或难以在短期内建立的情况下，基于信任关系（熟人推荐）的交易方式，成为实现交易的最有效途径。

那么，为何货柜式电商难以达成的目标，快手却能成功实现呢？关键在于信任关系的构建。货柜式电商缺乏人与人之间的连接网络。而快手之所以能够构建这样的网络，主要归因于两点：一是视频与直播媒介的强大影响力。图文社区难以形成纯粹的线上信任关系，但视频与直播更接近人类本能的交流方式，有望开启纯线上信任的新时代。简而言之，在图文时代，我与你素不相识，仅凭你发布的图片与文字，我难以对你产生信任。但在视频时代，通过观看你的视频（在三维空间中感受你的为人），通过直播与互动（如同日常生活中的交流），我可能开始对你产生信任。二是快手对于连接人与人、鼓励普通人表达理念的执着追求。关注关系分为基于内容的"喜欢"与基于信任的"信任"两种，后者更接近于好友关系。基于内容的社区关注关系更接近于前者，而基于人与人之间的社区关注关系则更接近于后者。快手更倾向于后者，平台上有 90 亿对互相关注的关系，每天有 500 万个视频直播聊天室，这些数据充分证明了这一点。

纯线上信任关系与线下信任关系的最大差异在于，前者突破了地理空间的限制。你的线下熟人受限于你所在的地理位置，而线上则没有这样的束缚。以往，你的亲密好友可能仅有 10 个，现在可能增加至 20～30 个，这将引发网络结构的深刻变革。

综上所述，信任电商实际上依托于线上化的大趋势，线上信任关系网络能够更为高效地助力解决一些非标准化、高决策成本的品类电商化问题（如珠宝玉石等典型品类）。

# 6.2

## 以人为媒，极致信任下的快手内容电商

在数字经济蓬勃发展的背景下，直播电商领域经历了迅猛的增长。然而，该领域也暴露出一些问题，如直播营销人员行为失范以及假冒伪劣商品的泛滥。这些问题的根源在于部分从业者缺乏诚信以及信任保障机制的不完善。

数字经济的本质是信用经济，为应对这一挑战，国家相继出台了《网络交易监督管理办法》和《网络直播营销管理办法（试行）》等法律法规，旨在进一步规范直播电商市场秩序。在此基础上，探讨如何构建直播电商参与各方之间的新型信任关系，并建立完善的信任保障机制显得尤为重要。

针对这一问题，快手平台于 2021 年 3 月正式提出"信任电商"战略，并于同年 7 月开始大力推广，至 11 月进一步推出了"信任购"服务品牌。该品牌旨在激励主播与消费者之间建立和维护私域信任，致力于打造买卖双方之间的"极致信任"。2022 年提出了"实在人、实在货、实在价"的价值主张，并将战略升级为大力发展信任电商、快速品牌、品牌和服务商。其中，"大力发展信任电商"是快手电商的核心逻辑，"大力发展快速品牌"和"大力发展品牌"是具体业务方向，"大力发展服务商"则服务于所有商家。

传统电商销售多侧重商品本身，而体验方面做得并不充分，仅仅是商品本身之外的有限服务。而电商所提倡的"信任电商"，一方面旨在降低商品价格，另一方面希望商家能提供更深层次的增值服务，提升体验，让消费者以更低的价格享受到更好的服务，实现更优的"体验－价格比"。因此，快手信任电商的本质就是提升商品的"体验－价格比"，该模式如图 6-1 所示。

### （1）基础治理方面

快手致力于打造一个健康、有序的网络环境，旨在更好地服务消费者。面对网络谣言和虚假信息的传播挑战，快手加强了信息审核流程，并与权威机构携手合作，及时发布辟谣信息，帮助消费者辨别信息的真伪。

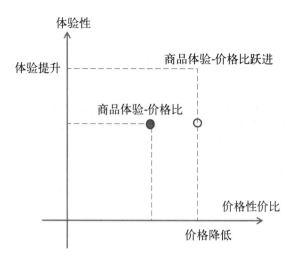

图 6-1　快手信任电商商品的"体验－价格比"

此外，快手利用技术手段对疑似虚假信息进行标记和处理，有效抑制了其扩散。《2021 快手电商信任建设年度报告》显示，平台全年成功拦截超过 6244 万次疑似假冒伪劣商品的发布，对违规主播和商家执行了 21 万人次的封禁措施，直播带货的举报率与 2020 年相比下降了 8.96%，并且阻止了约 50 万次有历史违规记录的用户开设新店铺。

### （2）消费者权益保护方面

长期以来，快手一直在推动直播电商变革传统电商的信任背书模式，推动消费者从"信平台"到"信卖家"的信任机制升级。

快手平台不断优化服务和政策，以进一步保障消费者权益。一方面，平台加强了对商家的审核和管理，确保所有入驻商家具备合法的经营资质和良好的信誉记录。另一方面，快手推出了"先行赔付""信用购"等政策，显著提升了消费者的购物信心，并促使商家更加注重商品质量和服务质量。例如，快手推出的"信任购"服务，2021 年覆盖高达 50 亿笔订单。

### （3）体验升级方面

快品牌"莱润"是体验升级的一个典范案例。其创始人通过在直播间分享护肤等专业知识，显著提升了消费者的购物体验，30 天内复购率达到 40%，90 天内的复购率更是高达 76%。

通过推动信任电商，消费者获得了信任购权益，更愿意复购；商家则实现了新客户的高转化率和老客户的高复购率。平台为这些"信任商家"提供更多的免费流量支持，以及更优惠的商业化价格和更优质的商业环境，从而实现多方共赢的局面。

# 6.3
## 快手基于信任电商的内容策略

在信任电商方面，快手打造的策略很多，如通过推荐用户感兴趣的内容增强用户黏性，鼓励用户分享商品使用感受，让内容更确凿可信。再如，用直播带货加强主播、消费者的联系。同时，维护社区氛围，打击虚假宣传，为电商提供健康稳定的运营环境。

### 6.3.1　根植原创，严格把控内容真实性

快手致力于构建一个以信任为核心的电子商务平台，最重要的战略之一是深入探索原创内容，并确保内容的真实性得到严格保障。

快手致力于构建信任电商的愿景，除了受到电商购物模式演变的影响外，还受到两个关键因素的驱动：一是平台固有的基因；二是主播的有力支持。快手平台的基因深植于对"人"的极度重视。企鹅智酷发布的数据显示，自2011年成立以来，快手始终将"人"作为其核心价值，其用户对"真实"的认同感超过了其他短视频平台用户。与其他平台用户更喜欢浏览推荐页面不同，快手用户更倾向于关注他们所喜爱的页面，这体现了快手用户极高的忠诚度。

在快手，以小店主播为中心的直播电商与传统平台上的商家和消费者之间的松散关系形成了鲜明对比。快手小店聚集了众多素人主播，他们的成长故事成为"信任"的有力证明。例如，自主经营服装品牌的小梨始终将用户视为朋友，为他们提供专业的穿搭建议；小李则在自己的小店里与爱酒的朋友们交流，帮助他们缓解工作和生活中的压力；而专注于科学护肤的小七从不急于推销商品，而是坚持向用户强调肌肤健康的重要性。这些小店主播通过他们的实际行动传递出一个信念：信任并非空洞的口号，而是基于长期与用户互动所建

立起来的消费习惯。快手小店主播与用户之间的故事，通过镜头语言细腻地展现了人与人之间的信任，进一步加深了用户对快手小店"值得每一分信任"的认识。

## 6.3.2　营造沉浸式参与感，加码信任营销

快手不断创新、完善沉浸式购物环境的打造，让消费者在享受购物乐趣的同时，也能感受到商家的真诚和信任。这种信任营销，不仅能提升消费者的购买意愿，也会为平台、商家带来更多的盈利机会。快手营造沉浸式参与感的做法如图 6-2 所示。

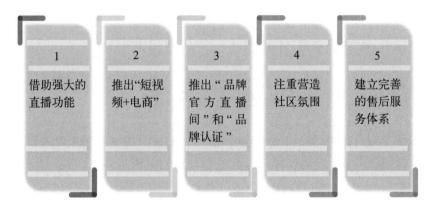

图 6-2　快手营造沉浸式参与感的做法

### （1）借助强大的直播功能

快手借助其强大的直播功能，让商家实时展示商品和服务，消费者可在直播中直接与商家互动，提出疑问并获得即时回应。这种实时互动不仅增强了消费者的参与感，还为商家提供了展示其专业能力和真诚态度的机会，从而赢得了消费者的信任。

### （2）推出"短视频＋电商"

"短视频＋电商"即商家通过短视频展示商品的使用场景和效果，使消费者能够更直观地了解商品。商家通过创意内容和高质量的视频制作，吸引了大量消费者的关注，进一步加深了消费者对品牌的认知和信任。

### （3）推出"品牌官方直播间"和"品牌认证"

为了进一步提升信任度，快手平台还推出了"品牌官方直播间"和"品牌认证"等措施。通过严格的审核机制，确保入驻的品牌和商家具备一定的资质和信誉度，从而为消费者提供更加安全可靠的购物环境。

### （4）注重营造社区氛围

营造社区氛围，鼓励消费者分享真实的购物体验和评价。即通过消费者生成内容，其他潜在消费者可以看到真实的使用反馈，这种口碑效应极大地提升了消费者对商家的信任度。

**案例分析**

快手在激发用户生成内容上极具创意。以短视频为特色的快手，从不缺的就是用户生成内容，关键在于如何对这些内容进行二次创作，以激发更广泛的粉丝共鸣。快手精准把握了两点：内容的真实性和对个体的关注。

快手平台精心挑选了真实且具有代表性的用户评论，并从中提炼出温馨的文句，以此为基础创作了一支原创音乐视频（MV）。该MV结合了直播间的截图画面，营造了一种用户支持的信赖氛围，这种氛围几乎能从屏幕中溢出。

从视频制作的角度来看，这支MV或许无法与众多商业大片相提并论，甚至带有一种强烈的"写实"风格。但正是由于歌词直接源自用户的真挚情感，用户在聆听时会不由自主地回想起许多熟悉的场景，从而加深了对真实感的感知。

此外，这支MV并未采用泛泛而谈的歌词模板，而是细心地从大量用户评论中挑选出最具代表性的文句，将镜头聚焦于生动的个体。通过这些贴近生活的表达，成功塑造了小店主播们"值得信赖"的群体形象，使其跃然于屏幕之上。

### （5）建立完善的售后服务体系

为进一步增强信任感，在售后服务方面，快手平台也不断优化消费者体验。消费者在购买商品后，如果遇到任何问题，可以通过快手平台快速联系商家或客服，获得及时的解决方案。快手还提供了评价系统，消费者可以对购买的商品和服务进行评价，这不仅为其他消费者提供参考，也促使商家不断提升服务质量。快速响应消费者咨询和投诉，提供便捷的退换货服务，让消费者在购物过程中感受到平台的贴心和专业。这些措施不仅提升了消费者的满意度，也为商家树立了良好的品牌形象。

综上所述，快手通过直播、短视频、社区互动、售后服务和促销活动等多种方式，成功打造了沉浸式体验，显著提升了消费者对商家的信任度，为平台的电商生态注入了强大的生命力。

### 6.3.3　利用快手小店，强化消费者信任心智认知

何为信任电商？其实就是在一个私密的流量体系内，可以不停地"种草"、不停地提供价值，最终通过社群、直播行为，完成"拔草"和成交的商业闭环。快手通过快手小店就完成了这样一个闭环。快手打造信任电商，核心就在快手小店，前面讲到，快手小店打出的第一张信任牌便是"退款不退货"，其实，这仅仅是快手小店赋予商家的特殊权益之一。还有一张牌便是"快手小店信任卡"，如图6-3所示。

消费者进入任意一个快手直播间，打开小黄车都可以查收信用卡。拥有这张信任卡，消费者就可以享受"退货补运费""假一赔九""7天无理由退货"等多重福利。快手小店上线信用卡，其实就是着力强化一种"信任"。

快手利用小店打造信任电商，还有一种方式就是强化高光主播的"信任值"。在任何一种关系中，"人"都是最核心的存在，快手平台将这一基本原则发挥到了极致。在特定的616品质购物节期间，快手汇聚了来自不同领域的热门主播，以这些个体为中心节点，实现了美妆、服装、

图6-3　快手小店信任卡

珠宝以及白酒等多个领域的广泛覆盖。利用这些头部主播的影响力，吸引了大量外围消费者进入快手小店，促进了与更多小店主播之间的深入联系。这一系列举措显著提升了快手小店的"可信度"。

### 6.3.4　全面打造信用生态体系"信任购"

信任经济的表现形式是什么样的？在快手电商，许多消费者对于信任的商家已经可以做到"闭眼下单"。"即使设置粉丝团五级才可购买，商品上架一两分钟就会被抢空。"谈及快手的信任经济，茶叶商露露表示，在快手直播间客户复购率高达93.8%。目前，基于信任而复购的老客户，让露露在快手电商的月均GMV（商品交易总额）可达百万元。

为了能让消费者闭眼下单，让诚信经营的商家获得更多商业机会，快手平台针对商家推出了"信任购"服务。符合条件的商家，平台会自动打上"信任购"的标识。"信任购"不仅是一个标识，还要让消费者的"痛点"变"爽点"。消费者可在直播间氛围、小黄车、商品详情页、订单详情页等多处看到"信任购"标识。在"信任购"中，有跟品质相关的假一赔九、官方保真、坏果包赔、180天质保等内容，还有退款不退货、退货补运费的保障，同时，这一系列保障也会随着平台不断升级和迭代更新。"信任购"具体的保障措施如图6-4所示。

假一赔九　坏了包退　过敏包退　官方保真　已验机　破损包退

退货补运费　七天无理由退货　极速退款　退款不退货　上门取件　先用后付

**图6-4　"信任购"的保障措施**

对于珠宝玉石、二手手机等消费者验真有门槛和困难的商品，快手"信任购"增加了额外的验证流程。"信任购"商家销售的珠宝玉石，需要先邮寄到快手电商的官方商店"真宝仓"，快手电商除了应用AI智能识别等技术对电商进行口播验证，还组织人工核查验货，对商品质量形成双保险。快手电商使用智能验机盒子对二手手机进行验证，并对通过验证的二手手机提供 180 天质保，目前已达到 100% 覆盖。重重保障，只为构建"信任"。由于"信任购"本身给消费者带来极佳的体验，以及所有传播路径中"信任心智"的不断加深，有一些商家有 20% 订单转化率的提升。

相比于其他电商平台，快手电商的独特性体现在对"信任"的融会贯通。消费者、主播和商家通过信任连接成为"新市井"，是快手对未来的宏大构想。其实，最可感的市井模式与最遥远的线上模式，都可以用"信任"这一要素来串联。平台正努力构建"信任经济"+"熟人经济"的社区生态。而大搞信任电商，就是在给数字时代的熟人经济上保险。"信任电商"是快手电商的标签，这一逻辑基于"熟人经济"的概念，而 2022 年 5 月又发布了最新定位——"新市井电商"。市井的核心是熟人、半熟人的信任场景，这也是快手最寄予希望的交易生态。

快手将自己定义为中国消费互联网第三代的普及者。相比于其他互联网平台的"货架 + 公域流量"模式、"货架 + 社交"模式，快手电商构建的"社交 + 信任"模式核心受众更广，目的是实现现代商业品的下行，让更广大的下沉市场消费者从参与互联网经济中受益。

快手通过长期的观察与调研，更加充分地理解了下沉市场用户，他们一定程度上比城市人群更多地保留了中国人的乡土特色和熟人经济，更接纳和喜欢人和人之间的情感交集，而不是单纯的货币和商品的交换。

在亚当·斯密的新古典主义经济学理论中，商业意味着最大的慈善。贸易能使每个人的状况更好，市场是组织经济活动的一种好方法。这些是全世界公认的经济学原理。快手所关注的下沉市场，并非要戴着傲慢的有色眼镜去"收割"，而是要用经济学原理来理解这群人和这个巨大的生意机会。

在直播电商的价值链中，农村供给得以实现线上运行，从而带动了致富效应。同时该链条亦为农村消费者解决了传统流通环节的低效问题，使他们能发现更多物美价廉的商品，进而提高生活品质。快手相信，通过构建"新市井"生态，可以推动实现消费平权。快手相信，当消费者、商家逐步迈入"新市井"生态下的"熟人（半熟人）经济"，新的信任机制和交易机制将产生颠覆性变化。如今，愈来愈多的品牌和达人在快手新市井商业生态中深耕，并持续收获价值。随着社区生态的进一步多元化，快手新市井商业将持续赋能品牌主和消费者，构建包容、共赢、可持续的商业新生态。

# 6.4

## "信任电商"是蓝海也是艰难之路

在传统经济体系里，各种经济形态根据它们在经济总量中的比重，形成了零和博弈的局面。这些形态主要聚焦于拥有品牌的供应方，以追求营业收入为根本目标。然而，在快手电商所构想的信任经济模式中，目标是打破零和博弈的局限，为经济形态注入新的活力。这种模式更加重视需求侧的消费者，以价值增长为宗旨，从而突破了传统的发展瓶颈。

然而，开拓新市场的蓝海并非易事，快手选择的"信任电商"之路同样充满挑战。正如快手电商平台体验负责人所言，"信任是电商与社区理念的融合，对于社区的商业化商品，我们必须展现出极大的自制力"。在持续的探索与尝试中，快手遭遇了众多挫折与困难，其中最艰难的挑战在于如何在追求"信任"的同时，对商业化活动保持必要的自制，实现"有所不为"。

长期以来，电商平台在对商户的监管上都面临着两难的选择。过于严格的监管可能导致平台运营监管成本的大幅增加，从而在市场竞争中失去价格优势。相反，监管过于宽松则可能增加虚假宣传和商家违规的风险，对平台的商誉和市场交易产生负面影响，甚至可能面临法律风险。

为了构建信任经济，快手实施了一系列机制建设和监管措施，这在一定程度上增加了操作的复杂性，并可能带来成本的提升。在交易的初始阶段，消费者和商家可以通过机制建立信任。随着交易的持续进行，消费者与商家之间的关系从半熟人转变为熟人后，便不再依赖机制，从而形成了信任经济。

此外，快手官方多次强调不应欺骗老客户，并通过一系列严厉的行动展示了其治理的决心。2021年，快手电商平均每月拦截的假冒伪劣大牌商家入驻资质超过2000条，依据国家法规，直播带货过程中的直播视频至少保存3年，以便对违法行为进行追溯。

2021年4月23日，国家网信办等多部门联合发布了《网络直播营销管理办法（试行）》，进一步加强对网络直播营销的监管。快手电商积极响应国家政策，进一步强化了对商家的监管力度，对进行虚假宣传的商家实施了处罚和清理措施。

# 第7章

# 微信视频号：
# 依托微信先天优势，
# 积极拓展内容电商领域

与抖音、快手等平台相比，微信视频号作为新兴的电商平台，凭借微信庞大的用户基础，实现了内容的广泛传播、渠道的深入拓展。本章重点阐述微信视频号在内容创作与分发方面的运作，以及如何借助微信的网络优势，提升运营效率，为消费者提供更丰富、个性化的购物体验。

# 7.1

## 视频号：微信大内容生态最后一块拼图

随着抖音、快手等短视频平台的兴起，短视频行业迎来了前所未有的繁荣期。无论是内容创作者、观众，还是短视频制作公司及 MCN 机构等第三方服务提供者，均在这场全民参与的盛宴中获得了相应的利益。这一现象全面推动了短视频产业的快速发展。

在短视频市场蓬勃发展、红利期持续上升的背景下，微信作为最重要的新媒体内容平台之一，自然不会忽视短视频的潜力，这正是微信推出视频号的初衷。微信视频号的内容呈现方式与抖音、快手等平台有相似之处，主要发布图文和视频信息，并在页面上配备了收藏、转发、点赞、评论等互动功能。面对微博、抖音、快手等平台已有的竞争优势，人们不禁质疑微信视频号是否能够脱颖而出。其实，微信视频号自身具有多项优势，有助于其在竞争中突围。

微信推出的视频号与微信本身的紧密联系，使之被视为"微信大内容生态最后一块拼图"。微信作为国内主要的社交平台之一，截至 2024 年 6 月 30日，微信及 WeChat 的合并月活跃账户数达 13.71 亿。这十多亿活跃用户为微信视频号提供了庞大的潜在用户群体，一旦视频号全面开放，即可自动向每位微信用户推送，实现一键式开通。依托微信庞大的用户基础，微信视频号有很多先天优势，这是其他平台无法比拟的。这种先天优势主要体现在以下两个层面。

信息传播速度快：鉴于微信在熟人社交及强关系网络方面的专长（这是其他短视频平台所不具备的），当视频内容首次在"朋友圈"中展示后，极易引发第二波转发。通过第一波和第二波的分享，信息传播能够迅速实现裂变效应，速度更快，覆盖更广。

有利于私域流量的打造：微信视频号作为微信生态系统中的一个组成部分，与微信的联系更为紧密，这使得用户能够充分利用微信的人脉资源（如朋友圈、微信群、公众号等）来构建自身的私域流量。相较于其他平台，这一优势尤为显著。

与此同时，微信视频号较之微信公众号、朋友圈、小程序等其他功能优势明显，尤其在内容传播和推荐方面更有优势。微信视频号较之微信内部其他功能的优势体现在以下两方面。

开放性运营模式：微信的主要功能采用封闭式传播机制，而微信视频号则采取开放性运营模式，被誉为"扩展版的朋友圈"。在微信的生态系统中，朋友圈、公众号、小程序等均在特定的社交圈层内运作。换言之，未与个人产生直接联系的信息对个人而言是不可见的。微信视频号的推出打破了这一局限，用户可以根据个人需求、兴趣和爱好自主搜索所需信息。

独到的推荐机制：微信内容的推荐主要基于熟人社交，仅限于关注者之间相互查看，若要实现更广泛的传播，除了运营者主动分享外，还需依赖用户的口碑，这一过程相对缓慢，导致文章阅读量的提升空间极为有限。这种推荐机制对内容创作者是一种限制，严重抑制了其创作积极性。相比之下，视频号采用基于平台算法的推荐机制，意味着只要内容质量上乘，便有可能获得巨大的播放量。

# 7.2

## 微信视频号电商传播内容的形式

鉴于微信本身有一个囊括视频号、公众号、朋友圈、小程序在内的渠道体系，微信视频号在内容传播上十分有优势。这使得商家能够通过视频号将内容快速传播到各个平台，实现多渠道覆盖，进一步增强了内容的传播效果和商业转化能力。

### 7.2.1 与朋友圈对接：丰富的内容表现形式与深度

内容电商利用微信视频号进行内容传播，主要有四个途径：一是链接朋友圈；二是链接公众号；三是直播；四是广告。

最直接的方式就是链接朋友圈。朋友圈作为微信中一个重要的社交功能，一直以来都是用户分享生活动态的主要渠道。视频号与朋友圈的对接，使得用户在朋友圈中分享视频变得更加便捷。用户只需在视频号中发布视频后，即可一键分享到朋友圈，让更多的朋友看到自己的作品，如图 7-1 所示。

微信视频号与微信朋友圈的对接，使得商家在分享视频内容时更加轻松和高效。不仅如此，两者的对接还带来了更多的互动方式，比如，商家在朋友圈中看到朋友发布的视频后，可以直接在视频下方进行评论和点赞，甚至可以将视频分享到自己的朋友圈，进一步扩大视频的传播范围。

以下是一些具体的操作步骤和注意事项，可以帮助内容电商更好地利用这两个功能。

图 7-1　视频号内容分享
微信朋友圈

（1）发布视频到视频号

① 首先，打开微信，进入"发现"页面，点击"视频号"。

② 点击右上角的相机图标，选择"发表视频"。

③ 选择想要发布的视频，进行必要的编辑和剪辑。

④ 添加描述、话题标签和位置信息，然后点击"发表"。

（2）将视频号内容分享到朋友圈

① 发布视频后，回到视频号主页，找到刚刚发布的视频。

② 点击视频下方的分享按钮（三个点），选择"分享到朋友圈"。

③ 在弹出的窗口中，可以编辑分享的文字内容，然后点击"发送"。

④ 这样，所发布的视频就会出现在朋友圈动态中，好友们可以点击观看。

需要注意的是，在视频内容发布到朋友圈之后，要注意以下几个事项，如表 7-1 所示。

表 7-1　视频内容发布到朋友圈的注意事项

| 注意事项 | 详细解释 |
|---|---|
| 内容合规 | 必须确保所发的视频内容符合微信平台的规定，避免发布违规信息 |
| 描述视频 | 发布朋友圈时，要对视频进行适当的文字描述，以吸引好友的注意力 |
| 后台互动 | 发布视频后，要经常通过视频号查看视频的观看数据和用户互动情况 |
| 朋友圈互动 | 朋友圈好友如果对视频进行点赞、评论，也要及时回复他们 |

通过以上做法，内容电商可以轻松地将视频号内容分享到朋友圈，扩大视频的影响力和观众群体。随着微信平台的不断更新和优化，未来可能会有更多的功能和工具出现，帮助用户更好地进行内容创作和分享。

## 7.2.2　与公众号整合：推动图文内容向视频化转型

微信视频号与公众号的对接已成为内容电商传播内容的主流手段，其中公众号承担了视频号 80% 的流量引导任务。内容电商通过公众号既可以实现直接的商业转化，也可以将其作为跳板，将流量导向朋友圈、小程序以及各类社群等平台。具体做法是，将公众号文章链接嵌入视频号。例如，一位演讲教练在其视频内容中嵌入了名为"你说话的细节，暴露了你的专业修养"的公众号文章链接，观众点击链接即可阅读相关文章，如图 7-2 所示。

这种方式在其他平台中是前所未有的。其操作简便，

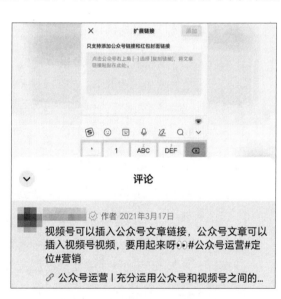

图 7-2　视频号中公众号文章链接

易于掌握，收益的多少主要取决于视频号的引流效果。然而，其局限性在于不适合直接销售实物商品，且销售的商品种类相对有限，主要适用于线上虚拟商品，如在线课程、付费阅读等。

以下是将公众号链接嵌入视频号的操作流程：

首先，启动微信应用程序，导航至欲添加链接的公众号页面，复制该公众号的网址。

随后，切换至视频号的主页界面，点击"我的视频号"，点击右上角的相机图标。

接下来，录制一段新视频或从相册中挑选一个视频进行发布。在发布界面中，点击"扩展链接"选项，如图7-3所示。

最后，将先前复制的公众号链接粘贴至"扩展链接"区域，以完成添加，如图7-4所示。

图7-3　微信视频号上
"扩展链接"功能

图7-4　微信视频号添加
公众号文章链接入口

### 7.2.3　与小程序协同：视频号商业化进程中的重要里程碑

"视频号＋小程序"的传播路径，其实是"视频号＋公众号＋小程序"。

之所以选择公众号作为中间媒介，原因在于公众号与小程序之间的连接更为直接，无需借助二维码，用户通过阅读文章中的文字、图片或小程序卡片，直接跳转至小程序页面，甚至可直达特定页面，实现一步到位的便捷性。"视频号＋小程序"的方式是，在公众号文章中预先嵌入小程序。这样一来，当视频号的观众点击公众号文章链接时，便能直接进入小程序，从而实现流量的高效转化。

从长远视角分析，"视频号＋小程序"的结合方式更为高效，无论推广、营销还是变现，小程序都展现出更显著的优势，为内容电商广告的植入提供了新的机遇。特别是在知识服务和社群运营类商品中，如小密圈、小鹅通、轻课云等，小程序能提供更高效的服务和更丰富的展示形式。

小程序在商品推广、营销及变现方面之所以表现出色，原因主要有三点，具体如图7-5所示。

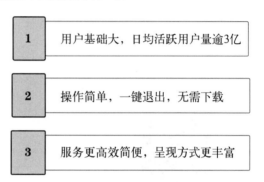

图7-5　小程序商品推广、营销、
变现能力强的原因

消费者在观看视频时接触到的推荐信息，可直接通过链接进入小程序商店进行选购和购买，这一过程与抖音购物车功能类似。相较于抖音购物车，微信视频号通过小程序实现的转化更为简便，微信生态内的交易闭环只需两步即可完成从用户触达到转化下单的全过程。

此外，小程序还开通了直播功能，为变现提供了新的途径，即公众号结合小程序直播。随着全民直播时代的到来，每个人都有机会站在风口。2020年2月17日，微信小程序直播开启公测，可直接嵌入商家小程序并与公众号打通，直播吸引的流量将沉淀在商家的自有小程序中，无需跳转至其他平台，有助于构建私域流量池，提高转化率。因此，视频号结合公众号和小程序的变现策略具有巨大的潜力。

对于普通的视频号内容创作者而言，"视频号＋小程序"为他们提供了新的内容创作和消费者互动的渠道。而从新媒体运营的角度来看，则意味着多了一种变现的可能。

## 7.2.4 开通直播：为内容带来更直接的传播渠道

经过数次迭代，微信视频号最终推出了直播功能，此举既满足了市场需求，也符合广大用户的期待。直播功能的上线，使得直播带货成为可能，而直播带货作为移动互联网时代备受欢迎的营销方式，深受商家青睐。对于平台本身而言，直播带货亦是一种理想的商业模式，各大平台纷纷鼓励内容创作者尝试将直播带货与内容创作相结合，以期形成一个可持续发展的盈利循环。

以抖音为例，该平台专注于年轻人追求潮流与个性的生活态度，其平台特色使得内容营销与直播带货成为品牌实现效果与效益"双赢"的优选策略。微信视频号推出直播功能，显然是为了引导用户参与直播带货，从而提升平台的商业变现潜力。

用户可直接在微信视频号个人主页进入直播入口，如图7-6所示。点击"发起直播"，用户可以选择立即直播或提前向消费者发布直播预告。预告信息将显示在视频号下方，消费者可进行预约，而主播则保留取消预告的权利。一旦直播开始，预约的用户将收到开播通知。

若要启用直播功能，用户需打开微信，进入"发现"菜单下的"视频号"，点击页面右上角的个人头像，进入"我管理的视频号"，在页面下方即可找到"发起直播"按钮并点击开始直播。

但想要进行直播带货，还需要先关联小商店，如图7-7所示。开通小商店，想进一步了

图 7-6　发起直播界面

图 7-7　开通小商店界面

解直播的相关知识，可以进入官方的"创作指南"中查看。

## 7.2.5 植入广告：赋予内容更多的商业价值

微信视频号凭借其传播迅速的特点，已成为商家与品牌争夺的新兴战场。在视频中巧妙地植入广告，显然已成为一种不可忽视的策略。所谓在视频内容中植入广告，即指在视频中较为显眼的位置，或在播放过程中巧妙地穿插广告，以展示品牌和商品信息。视频中较为显眼的位置包括视频账号简介、视频播放过程、视频内容以及视频评论区等。

### （1）在视频账号简介中植入

在视频账号简介植入广告信息，是微信视频号内容传播中普遍的做法。尽管此方法简单粗暴，但效果不容小觑。特别是那些提供特定服务或业务咨询的企业，将广告信息以简洁明了的方式置于账号简介中，往往能更容易被受众接受。这种做法不仅没有干扰视频内容的完整性，反而使用户能够直接而有效地获取到有价值的信息。

### （2）在视频播放过程中植入

在视频播放过程中巧妙植入，是指在视频的情节、背景或高潮部分巧妙地融入广告内容，目的是让用户对品牌或商品产生深刻的印象。例如采用对话植入法，即通过演员的台词巧妙地将商家、商品或品牌信息融入视频内容，这种方法直接而有效，易于获得观众对品牌的认同。需要注意的是，在植入时必须确保台词与广告的衔接恰到好处，随性自然，不要给观众带来观感上的不良影响。

### （3）在视频旁白中植入

旁白是视频非常重要的组成部分，它不仅传递着视频的重要信息，而且有效地支持着视频内容的呈现。在微信视频号平台，众多引人注目的热门视频之所以能够鹤立鸡群，很大程度上得益于其卓越的内容创作。正是这些出色的内容，使得视频能够捕获观众的注意力，激发他们继续观看并产生关注的兴趣。

此外，视频内容还具备引流的潜力。对于企业或品牌而言，为了提高自身及其商品的曝光度，可以在视频内容中巧妙地嵌入广告链接。这是一种非常有效的策略，它不仅方便用户阅读，而且更易于识别，如图 7-8 所示。

### （4）在视频评论中植入

短视频，尤其是那些热门的视频，通常会吸引大量评论。在这种情况下，巧妙地将广告融入评论区以吸引流量，已经成为企业或品牌方特别关注的策略。

将广告植入评论区具有两大显著优势。首先，它能够最大程度地激发用户的参与和讨论热情。由于评论区不限制字数和评论数量，一条引人注目的评论有可能引发大量

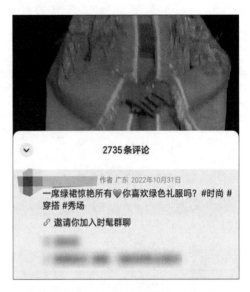

图 7-8　在视频内容中植入广告链接

用户参与互动。其次，它能够规避平台的广告植入限制。实际上，几乎所有的短视频平台都明确禁止在视频或标题中过度植入广告。过于频繁或明显的广告植入容易遭到平台屏蔽，严重时甚至可能面临视频被下架的处罚。

# 第**8**章

# 小红书:
# 构建自"种草"至
# "拔草"的闭环链条

小红书通过特有的"种草"形式,形成了独特的"兴趣触发"机制,构建了一个从"种草"(即激发用户兴趣)到"拔草"(即促使用户行动)的消费闭环。该链条不仅体现了小红书对消费者体验的深入理解和精准把握,还体现了其打造内容电商的决心。

# 8.1

## 小红书内容特色：独特的"种草"文化

小红书凭借其内容特色"种草"，成为众多内容平台中最有趣、最有价值的平台之一，不但吸引了众多用户，还孕育出优质"内容电商"。这些电商通过创作图文或视频内容，分享品牌和商品信息，进行好物推荐等，将小红书打造成独特的消费社区。

小红书商家无法与消费者直接交易，而是间接推荐和引流，所以又叫"种草"，发布的内容称为"种草内容"。所谓"种草"是指通过分享推荐某一商品的优秀特性，以激发他人购买欲望的行为，或把一样事物分享推荐给另一个人，让另一个人喜欢这样事物的行为。具体到小红书上是指（小红书）用户在认可某个品牌或购买某个商品后，会主动在小红书上发布图文、视频内容，并分享给好友。此类内容通常涵盖对品牌的再次介绍、商品的使用过程、使用后的心得体验等。此举不仅间接地对品牌、商品进行了宣传和推广，而且能够有效激发更多人的购买意愿。

### 案例分析

以美妆领域为例。小红书上的美妆博主们会精心挑选各类商品，从粉底到口红，从眼影到腮红，每一款商品都经过他们的亲身体验和仔细比较。他们会用翔实的文字描述商品的质地、颜色、持久度等特性，还会附上高清的实物照片和试色图片，让用户能够直观地了解商品的效果。当用户看到这些真实的分享后，往往会产生强烈的购买欲望，这就是"种草"的魔力所在。

在小红书，"种草"内容不仅仅局限于美妆领域，还广泛存在于服装、鞋包、家居、数码等多个领域。浏览小红书，用户随时可以找到各种时尚潮流的穿搭推荐和精致实用的家居用品分享，这些内容为用户提供了发现优质商品的途径，同时也激发了用户对美好生活的向往和追求。

值得一提的是，小红书会通过大数据算法，精准地推荐"种草"内容。某消费者若关注了某个博主或浏览过某个商品，小红书平台就会根据该用户的浏览记录，分析其兴趣和偏好，精准地推荐相关的商品和内容。这种精准推送不仅提高了用户的满意度，也使商家的"种草"内容得到更好的曝光和营销效果。

所以，这种"以用户为中心"的内容模式，不但对消费者有利，对电商商家也十分有利，其背后所蕴含的内容运营创新和对用户需求的深刻洞察，十分有利于品牌的推广和商品的营销。

综上所述，小红书的"种草"内容有三大特点，如图 8-1 所示，作为内容电商，要想利用好小红书这个平台，在创作内容时必须深刻理解，精准把握。

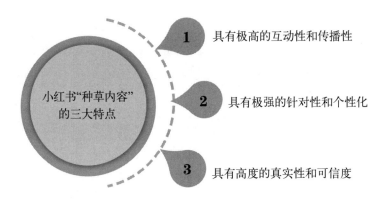

1 具有极高的互动性和传播性

2 具有极强的针对性和个性化

3 具有高度的真实性和可信度

图 8-1　小红书"种草内容"的三大特点

### （1）具有极高的互动性和传播性

小红书用户可以轻松分享自己的购物心得、使用体验以及对某一商品的独特见解。这种内容形式不仅激发了用户的参与热情，还使得信息在平台内部得以迅速传播。同时，小红书还鼓励用户之间进行互动，如点赞、评论、分享等，进一步增强了用户之间的联结和黏性。

### （2）具有极强的针对性和个性化

小红书通过算法分析用户的浏览历史、搜索记录等行为数据，为每个用户推送符合其兴趣和需求的"种草"内容。这种精准推送不仅提高了用户的满意度，还使得品牌能够更准确地触达目标用户，实现精准营销。

小红书对于高质量内容十分友好，一篇高质量的图文笔记有可能获得意想不到的爆发性流量，成为意外的爆款。这一点对刚刚在小红书平台注册的新手笔记电商非常友好。当然，这也需要商家在内容创作上下功夫，确保每一篇笔记都具有独特的视角和提供高价值的信息。

**（3）具有高度的真实性和可信度**

小红书用户分享的购物心得和体验大多基于真实的消费体验，这使得"种草"内容具有很高的可信度。同时，小红书还采取了一系列措施，如加强内容审核、建立用户信用体系等，以确保平台上的内容质量和真实性。这种高度的真实性和可信度不仅赢得了用户的信任，还为品牌树立了良好的口碑。

小红书"种草"内容的三大特点使其成为一个备受欢迎的内容电商平台。未来，随着技术的不断进步和市场的不断变化，小红书还将继续发挥其独特的优势，为内容电商带来更多机会。

# 8.2

# 小红书多样化的"种草"内容

小红书内容又称为笔记，按表现形式可分为图文笔记和视频笔记。按传递信息类型可分为干货知识类、好物种草类、教程攻略类、情绪价值类。接下来将逐一进行介绍。

**（1）按表现形式分**

图文笔记和视频笔记各有特色，适用于不同场景。图文笔记和视频笔记的优势如表 8-1 所示。

表 8-1　图文笔记和视频笔记的优势

| 形式 | 优势 |
|------|------|
| 图文笔记 | 详尽传递信息：图文内容能够全面、细致地展示商品特点、使用感受等详细信息，尤其适合美食、旅行、商品测评等领域 |
| | 展示精美图片：图片作为视觉元素，能够直观地展现商品的外观、质地等，为用户提供更直观的购物参考 |

| 形式 | 优势 |
|---|---|
| 图文笔记 | 快速浏览与收藏：图文内容结构清晰，便于用户快速浏览和筛选感兴趣的内容，同时也方便用户收藏和分享 |
| | 迎合用户偏好：对于偏好快速获取信息的用户而言，图文内容能够提供高效、便捷的信息获取方式 |
| 视频笔记 | 体验直观生动：视频内容能够更为直观、生动地展示商品的使用过程、效果等，为用户带来更为真实的购物体验 |
| | 教程与分享适用：护肤美妆教程、日常生活分享等需要展示过程和效果的内容，视频形式能够更好地满足用户需求 |
| | 情感共鸣与参与感：视频内容更容易引发用户的情感共鸣，增加用户的参与感和互动性，提高用户黏性和转化率 |

### （2）按内容信息类型分

① 干货知识类笔记。干货知识类笔记着重于整合用户在特定领域取得的经验，并凭借自身的专业知识和实践经验，为用户提供切实可行的解决方案。该类笔记的构成为"用户痛点 + 深入分析 + 实用策略"。其核心价值在于提供解决问题的有效方法，一旦方法得到用户认可，往往能获得用户的积极反馈，如点赞、评论与收藏。

② 好物种草类笔记。好物种草类笔记聚焦商品亮点、应用场景与使用感受，通过图文或视频等多种形式进行传播，旨在与用户痛点相契合，进而激发用户的购买欲望，实现商品推广的"种草"效果。在实践中，该类笔记通常涵盖商品介绍、使用场景、用户反馈等关键要素，如表 8-2 所示。

表 8-2　好物种草类笔记的关键要素

| 要素 | 含义 |
|---|---|
| 商品亮点 | 高颜值、实用性、高性价比、创新商品等 |
| 分享方式 | 商品合集、商品测评、商品开箱、商品对比等 |
| 适用品类 | 全品类，常见的如美妆、母婴、护肤、家具、汽车等 |

③ 教程攻略类笔记。教程攻略类笔记旨在为用户提供针对特定问题的解决方案，通过详细的操作步骤、注意事项以及丰富的对比图、效果图、步骤图等视觉辅助，吸引用户深入浏览。在小红书平台上，美妆教程尤为丰富，包括旅游妆容、裸妆、复古妆容、明星仿妆、新手美妆等多种类型，满足不同用户的需求。教程攻略类笔记如图 8-2 所示。

④ 情绪价值类笔记。情绪价值类笔记以分享有趣、积极、搞笑的内容为主，旨在给用户传递积极向上的情绪价值，产生积极影响。在快节奏的现代生活中，无论人们从事何种活动，如阅读、旅行、工作、美食、才艺、娱乐、健身等，追求健康向上的生活态度是共同的追求。通过笔记的形式，为用户传递这种积极向上的生活态度。情绪价值类笔记如图 8-3 所示。

图 8-2　教程攻略类笔记

图 8-3　情绪价值类笔记

# 8.3

## 图文笔记：构建内容生态的基石

图文笔记是构建小红书内容生态的基石。通过图文笔记，消费者可以直观地展示商品使用体验，分享个人故事。商家则可以通过这些内容了解消费者的真实需求和反馈，从而优化商品和服务。此外，高质量的图文笔记还能激发社区内的互动和讨论，增强与消费者的连接，形成一个活跃且具有凝聚力的社区环境。

### 8.3.1 笔记创作的技巧

小红书是一个以图片、视频为主要内容的社交平台，因此，高质量的图片和视频是打造爆款笔记的关键。那么，如何打造高质量的笔记呢？以下4个技巧要灵活运用。

（1）深入了解目标用户

要想让笔记在小红书上爆红，首先需要深入了解目标受众，包括他们的年龄、性别、职业、兴趣爱好、消费习惯等。只有清楚了解他们的需求和喜好，才能创作出更符合他们口味的笔记内容。例如，目标用户是年轻女性，那么可以关注时尚、美妆、护肤、旅行等热门话题，并结合这些话题创作有趣、有料的笔记。

（2）独特而富有创意的封面

在小红书，一个独特而富有创意的封面能够迅速吸引用户的注意力。高清丰富的图片、精致的布局，能够让用户直观地领略到笔记的独特魅力。这种强烈的视觉冲击力不仅迅速捕获了用户的目光，还辅助用户更加直观地理解所展示的内容。

（3）文字表达高度凝练

受限于篇幅和画面，小红书图文笔记在文字表达上需要高度精练。内容创作者运用生动有趣的语言，详细描述商品的特性、使用感受，以及景点的特色、美食的口感等细节，使用户在阅读过程中仿佛身临其境。这种极具代入感的文字表达方式，加深了用户对展示内容的理解，进一步激发了他们的购买欲望。文字表达高度凝练的笔记如图 8-4 所示。

图 8-4　文字表达高度凝练的笔记

### （4）积极互动和回复

积极互动和回复是建立良好用户关系的关键。当用户在评论区留言或提出问题时，商家需要及时回复并解答他们的疑惑，通过互动和回复，了解用户的需求和反馈。这样可以让用户感受到关注和尊重，同时也能增强他们对商家的信任和好感度。

总之，打造小红书笔记需要掌握多方面的技巧。只有深入了解目标用户、创作出高质量的内容、优化关键词和标签并积极互动和回复，才能让笔记在小红书上脱颖而出并赢得用户的喜爱和关注。

## 8.3.2　图文笔记发布攻略：从构思到执行

在了解完小红书图文笔记的常见类型、创作技巧、编写方法后，我们就进入了具体实操阶段。小红书笔记发布功能十分强大，我们可以选择在小红书上编辑发布，也可以选择编辑好图片、内容后再上传至小红书。打开小红书App，点击界面正下方的"+"按钮，会自动弹出图片选择框，笔记最多支持18 张图片，如图 8-5 所示。此处要注意，首图即封面，一定要选最吸睛、最能突出笔记主题和商品内容的图片。

上传好图片、设置好首图封面后，就可以进入编辑界面了。在这里，小红书为商家提供了多个模板，包括出行、日常、萌宠、美妆、纪念日等各种类型，如图 8-6 所示。还有多个音乐库，包括日常、欧美、运动、旅行等多种不同风格，如图 8-7 所示。

图 8-5　小红书笔记发布界面

图 8-6　小红书图文模板界面

图 8-7　小红书背景音乐界面

　　这些图文模板与背景音乐适用于不同调性的笔记，有利于内容电商新手上手。如果需要更专业的模板，也可以自己制作或外包给专业团队。

　　另外，相比于其他内容平台，小红书还有一个独具特色的地方，即可以通过标记地点、品牌来直接导流，如图 8-8 所示。由于小红书平台本身就有着较

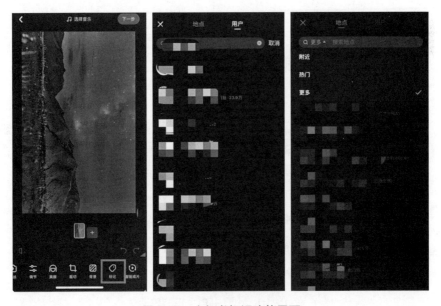

图 8-8　小红书标记功能界面

为浓厚的相互"种草"氛围，用户看到标记功能并不会反感，反而会觉得笔记制作得非常用心，也乐意点开标记的地点和品牌公司。

进入正文编辑页面后，可以给笔记添加"话题"、标记或提及"用户"，也可以插入"投票"功能，包括 PK 组件和投票组件，如图 8-9 所示。完成后，点击"预览"。需要注意的是，在发布笔记前最好预览图文笔记的效果，一旦发现问题可以及时作出调整。

图 8-9　插入话题和组件

此外，在高级选项中还可以进行自主声明，包括内容来源声明、虚构演绎、含 AI 合成内容等，以保护自己的版权，避免版权纠纷，如图 8-10 所示。

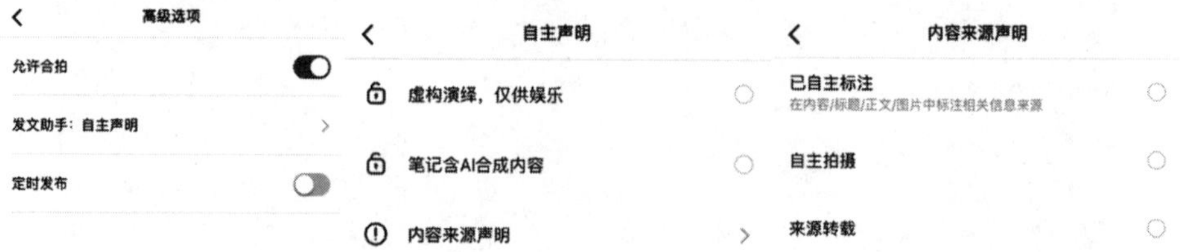

图 8-10　小红书自主声明界面

完成笔记发布后，可以在创作中心查看笔记的互动数据、转化情况、用户画像等，针对用户反馈情况，对笔记内容进行及时调整，如图 8-11 所示。

图 8-11　小红书创作中心界面

### 8.3.3 严守规范，确保内容安全无风险

小红书有详尽的社区准则和规定，明确规定了不得发布的多种违规行为。例如，发布虚假信息、低质量内容以及任何违法违规活动等。任何违规笔记都会被系统锁定、删除或要求限时整改，严重者甚至会被封号。小红书中的笔记违规通知示例如图8-12所示。

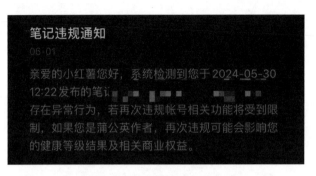

图8-12　小红书笔记违规通知示例

因此，发布笔记时，商家还需要详细了解小红书平台对笔记的限制和要求，避免因违规而遭到处罚。小红书常见的六类违规笔记如表8-3所示。

表8-3　小红书常见的六类违规笔记

| 违规类型 | 违规定义 |
| --- | --- |
| 非原创 | 涉及侵犯他人知识产权的搬运及重复低质量创作行为，具体表现为冒充他人身份或搬运他人创作成果 |
| 虚假内容 | 包含任何未经证实、误导性、播放量异常或故意博人眼球的笔记，例如无资质的科普内容、虚构的笔记或散布谣言 |
| 内容低俗 | 包含色情、低俗内容以及具有性暗示或性挑逗意味的笔记 |
| 破坏社区氛围 | 涉及各类网络暴力、违背公序良俗、传播不良价值观的行为 |
| 违规营销 | 利用故事套路、虚构体验、虚假夸大等手段进行违规营销；通过恶意蹭热度或发布与商品不相关、不一致的噱头笔记，以及重复发布相同内容以获取流量 |
| 站外导流 | 通过任何形式将用户引导至第三方平台完成交易，包括但不限于传播个人联系方式、其他平台的账号信息、发布其他平台的链接、口令、截图、水印、二维码等 |

# 8.4

# 视频笔记：开通视频号，玩转 vlog

视频号的引入不仅丰富了小红书的内容形式，还进一步提升了平台的互动性和趣味性。通过此类措施，小红书打造出一个更为活跃且多元化的内容生态系统，确保每位商家均能在该平台展现自我、发挥才华。

## 8.4.1　视频号兴起：小红书内容新趋势

随着微信视频号、哔哩哔哩（B 站）中长视频以及更多视频号的快速崛起，视频市场已逐渐步入存量竞争阶段。为了争夺更多的市场份额，并进一步优化社区内容与电商属性的融合，小红书于 2020 年 7 月启动视频号内测，并在一个月后正式推出了"视频号"功能。

小红书为视频号提供了多重福利政策，这些政策不仅面向小红书平台内的内容创作者，同时也积极邀请 B 站、抖音、快手等平台的杰出创作者加入。小红书视频号的具体扶持福利和申请条件详见图 8-13。

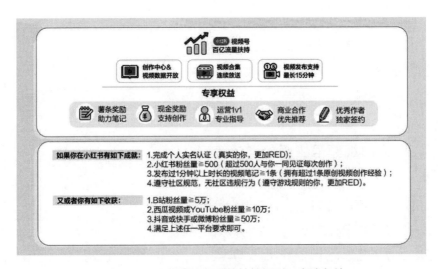

图 8-13　小红书视频号的扶持福利和申请条件

2020 年 7 月 14 日，小红书开启"视频号"种子计划，向 100 多位优秀创作者发送了视频号的内测邀请，小红书视频号开通邀请如图 8-14 所示。不少内容电商也纷纷申请尝试新玩法，希望享受小红书视频号的红利。

图 8-14　小红书视频号开通邀请

小红书视频号令人关注的优势有以下三点。

### （1）视频时长上限延长至 15 分钟

之前，小红书站内视频的时长上限为 5 分钟，是标准意义上的短视频模式。而目前，小红书视频号突破了短视频的界限，同样支持中视频入驻，进一步丰富了小红书的视频生态。

### （2）面向视频号主开放视频笔记数据

视频号主可以在创作中心查看视频数据，不仅包括笔记阅读量、互动量等数据，还涵盖视频完播率、平均播放时长等内容，如图 8-15 所示。这些数据有助于视频号主

图 8-15　小红书视频号数据中心

对视频内容进行复盘和调整，有助于内容的商业化。

（3）视频号主页增加视频合集

小红书对视频号主的首页进行了改版，增加了"视频合集"入口。视频号主可以将视频内容进行分类整理，归入不同的合集主题中，这一功能与此前的微信公众号专辑、抖音视频合集类似，更方便用户查看和浏览同类型视频内容，有助于提升作品的曝光度。小红书创作号负责人曾说："之所以会扶持视频创作者，是因为小红书平台已经有非常多的创作者用视频形式和用户沟通。"并表示视频创作比图文笔记在用户黏性方面更占优势。

而在创作者投身视频创作的同时，小红书用户对视频内容也十分欢迎。新榜 2020 年 8 月的调查显示，在小红书开启视频号内测的 1 个月后，70% 的活跃用户有通过视频笔记消费的习惯。

总而言之，小红书推出视频号计划，是在平台生态已经习惯了视频内容且创作者也具备了一定制作视频能力的背景下"顺势而为"的。

在小红书做内容电商，除了做好图文内容外，视频笔记也是必须关注的。下面详细介绍如何打造出高质量的视频号。

## 8.4.2　创意启发：打造引人入胜的视频内容

创意是赋予视频独特灵魂的关键。一个优质视频必然蕴含着独树一帜的创意元素。基于这一创意基础，视频制作团队需细致策划，涵盖选题方向、封面设计、标题拟定以及内容呈现等多个方面，每个环节均需精雕细琢，以达到尽善尽美的效果。接下来从四个维度，系统阐述如何精心打造高质量的小红书视频笔记。

（1）选题方向

选题方向是影响视频吸引力的重要因素。确定选题应基于两个依据：一是与自身品牌、商品调性相契合，确保视频选题与品牌、商品特性高度一致，能充分反映它们的需求；二是紧跟时事热点与市场趋势，如关注小红书近期创作热点，结合热门话题进行创作。例如，"双十一"购物节即将来临时，人们普遍关注与"双十一"活动相关的内容，因此在视频创作中可适时引入"双十一"话题标签。

此外，还可参考小红书后台创作中心的"创作灵感"模块，如图 8-16 所示。该模块提供了小红书官方整理的当前热门创作素材，为创作者提供丰富的创作灵感。

图 8-16　创作灵感界面

## （2）视频封面

视频封面作为用户在浏览笔记时首先接触到的视觉元素，其质量直接关联着视频的点击率。优质的封面图凭借出色的画质、和谐的色彩搭配，能够在瞬间捕获用户的注意力，从而促使用户产生点击行为。即便视频内容再丰富，若封面缺乏吸引力，也极可能被用户忽视。

要想设计优秀的视频封面，除了关注画面视觉外，还需要在适当位置加入引导性介绍，其作用在于精准地提炼和突出笔记的核心内容，当图片本身难以承载过多信息时，介绍便成为有效的补充。一些热门的视频笔记往往都配备了极具吸引力的内容。

需要注意的是，视频封面上的引导性介绍务必符合平台政策，避免任何形式的诱导性表述。介绍的核心在于强调视频笔记的主题、标题与封面的关联性。同时，为了增加笔记的趣味性，还可以在介绍中融入一些可爱、有趣的 emoji 表情，使笔记更具观赏性。

图 8-17　小红书标题拟写示例

（3）视频标题

视频标题的撰写必须严格遵循简洁、易懂且信息量丰富的原则。由于小红书平台对标题字符数的限制，建议将标题长度控制在 20 个字符以内。为追求最佳效果，推荐将字数精简至约 10 个字。

以《你可以，用一年时间变强》为例，该标题严格遵循了上述拟写原则，如图 8-17 所示，其醒目且富有吸引力的标题与内容，成功吸引了大量关注。

（4）视频开头

视频开头设计必须确保有足够的吸引力，确保观众在开始的 3～5 秒内产生持续观看的意愿。对于短视频而言，前 3 秒的表现尤为关键，将直接决定观众是否选择继续观看。因此，对视频的开篇必须予以充分重视。实现视频开头具有吸引力的方式主要有两种。

一是可以运用具备独特个人风格的开场语，如特别的语调、幽默诙谐的表达，或是鲜明的个人特征、独特的个人标签，以此吸引观众的注意力。这种方式可使观看视频的人感受到这是一个具有亲和力的真实账号，这种感受有助于拉近观众与博主之间的距离，进而为后续的订单转化起到积极的推动作用。

二是直接进入主题，不做任何铺垫，这也是很多爆火的视频号主都在使用的的方式。相比第一种方式，开门见山进入主题更加简单直白。这种方法用在非真人出镜的视频或是无套路的创意性视频中比较多。

## 8.4.3　视频后期处理的全流程解析

除了创意构思外，后期处理对制作视频亦有重要影响，这些共同决定了视频最终呈现的效果。后期处理涵盖剪辑、合成、音效的添加、背景的选择、视频字幕的嵌入、时长的精确控制以及发布时机的选择等多个环节。这些看似细微，实则对视频的整体表现有深刻影响。

**（1）视频的剪辑与合成**

视频的剪辑与合成是非常关键的环节。剪辑是指去除不必要的片段，确保视频内容紧凑而富有吸引力。合成是指添加适当的转场效果，使不同场景之间的切换更加自然流畅。剪辑与合成的好坏决定了视频的连贯性和观感。下面将介绍一些高效的视频剪辑与合成的技巧，具体内容如表 8-4 所示。

表 8-4　视频剪辑与合成的技巧

| 技巧 | 具体内容 |
| --- | --- |
| 明确视频的主题 | 在剪辑之前创作者需要明确视频的主题和想要表达的内容，以便能够有针对性地选择合适的素材和剪辑手法。假如视频是为了宣传某个商品，那么需要突出商品的特点和优势，通过剪辑手法来增强观众的购买欲望 |
| 合理安排剪辑顺序 | 合理的剪辑顺序对于视频的流畅性和吸引力至关重要。创作者需要根据视频内容的逻辑和观众的观看习惯来安排剪辑顺序，确保视频内容能够顺畅地展开，同时保持观众的注意力 |
| 运用剪辑技巧 | 剪辑需要运用一些基本的技巧，例如，使用过渡效果来平滑地切换不同的场景，使用音效和配乐来营造氛围，使用字幕和标题来突出关键信息。这些技巧可以让视频更加生动、有趣，并吸引观众的注意力 |
| 注意合成效果 | 在视频合成时需要确保各个素材之间的协调和统一。例如，通过调整色彩、亮度、对比度等参数让素材更加和谐融合在一起，同时也可以添加特效和动画来增强视频的视觉冲击力 |

总之，视频剪辑与合成需要创作者具备清晰的剪辑目的、合理的剪辑顺序、灵活的剪辑技巧以及精细的合成效果，通过不断实践和学习，逐渐提升自己的视频制作水平，创作出更加优秀的视频。

**（2）视频的发布**

视频的发布策略同样重要，尤其是发布时间的选择。为了确保视频能够在目标受众最为活跃的时间段内被发布，我们需要精心策划，以最大限度地提升视频的曝光度和互动效果。小红书视频的发布流程与图文笔记的发布流程相似。对于复杂的视频内容，建议在电脑端进行精细编辑后再上传至小红书平台。而对于较为简单的视频，用户可选择利用小红书自带的编辑器进行编辑和发布，如图8-18 所示。

（3）视频的美化

视频制作完成之后，还可以进一步美化。在编辑界面，可便捷地选用小红书官方精心推荐的视频模板，涵盖美食展示、自拍记录、城市生活点滴、户外运动风采及情感抒发等多元场景。这些模板将自动为视频添加适宜的滤镜效果与配乐，以满足不同创作者的个性化需求。创作者可依据自身内容创作的意图和风格精准选择合适的模板，如图8-19 所示。

图 8-18　小红书视频笔记发布界面

图 8-19　小红书视频模板界面

还可以为视频添加字幕，小红书视频有听声识字的"字幕"功能，如图 8-20 所示。也可以根据需求设置封面比例，小红书封面比例包括 9∶16、3∶4、1∶1、4∶3、16∶9 五种，前两种是竖屏，1∶1 是正方形，后两种是横屏。从小红书"双瀑布浏览"展示方式来看，更推荐选择前两种封面比例。

图 8-20　自动识别字幕功能

视频发布完成后，创作者可以在小红书创作者中心查看粉丝画像、互动及转化数据等，根据这些用户反馈调整笔记内容。

### （4）视频的时长和节奏

视频的时长与节奏对播放效果有很大的影响。小红书平台虽然允许上传的视频时长为不超过 15 分钟，但出于完播率的考量，最好将视频时长控制在 2~3 分钟。特别是对于新号而言，更应避免使用过长的视频，在积累了一定数量的忠实消费者后，可适当放宽对视频时长的限制。

此外，视频的节奏掌握亦非常重要。与图文笔记相比，视频内容具有观赏性，信息通过视觉直接传递到用户的大脑，这使得他们在接收信息时更趋于被动。因此，在视频制作过程中，需要精准把握节奏，将吸引点前置，以争取更多的展示机会，并吸引用户点击观看。同时，在成功吸引用户的注意力后，应迅速展开细节描述，保持内容的高密度输出，确保他们在观看后能够获得实际的解决方案，这是提高视频点赞和收藏意愿的关键所在。

## 8.4.4 "种草直播"的独特魅力与吸引力

与抖音、快手等直播平台导购属性不同的是，小红书以买方分享购物体验的"种草"为主，小红书本身的"种草"基因，为平台聚集了大批以"种草"内容为主的博主。一直以来，小红书的关键词是"种草"，但没有形成一个相对闭环的营销模式。也就是说，用户在看完小红书博主的种草笔记后，购买时需要到各大电商平台去比价、下单，从"种草"到"拔草"的过程不仅相对较长，关键是无法在小红书站内完成交易。在小红书"种草"，在淘宝、抖音、快手"拔草"的情况比比皆是，这无疑大幅降低了商家的带货意愿。

而直播带货则弥补了这一弊端，可以让用户在站内完成"种草""拔草"的完整消费链条。于是，"种草"类的直播也成了小红书直播与其他平台直播的差异。

**案例分析**

美妆品牌悦诗风吟一直以来都活跃在小红书平台，并通过各种内容营销手段积累了一定的消费者基础。然而，他们发现，尽管用户对他们的商品表示出浓厚的兴趣（即"种草"），但在实际购买环节（即"拔草"），用户往往需要跳转到其他电商平台，这无形中增加了用户的购买难度，也可能导致用户流失。

为了解决这个问题，悦诗风吟决定尝试在小红书进行直播带货。他们选择了旗下最受欢迎的商品线，并邀请了知名美妆博主进行直播。在直播过程中，博主详细介绍了商品的特点、使用方法以及个人的使用感受，让用户对商品有了更深入的了解。同时，博主还分享了一些化妆技巧和搭配建议，让用户看到商品在实际使用中的效果。这种直观、真实的展示方式，极大地激发了用户的购买欲望。

更重要的是，小红书的直播带货功能允许用户在观看直播的同时，直接点击链接购买商品。这种即看即买的购物体验大幅缩短了用户的购买路径，提高了转化率。

直播结束后，悦诗风吟的销售额实现了显著的增长，同时也收获了大量的好评和反馈。许多用户表示，这种购物方式既方便又快捷，让他们在短时间内就找到了心仪的商品。

这个案例充分展示了小红书直播带货的优势：它能够让消费者在站内完成从"种草"到"拔草"的完整消费链条，还能够提供真实、直观的购物体验，从而吸引更多的人购买。而且小红书的主播以草根为主，浓厚的"社区文化"更容易形成"消费者文化"，消费者大多对那些主播有着天然的信任，忠诚度非常高。

# 8.5
## 小红书内容电商的三方面布局

### （1）注重 UGC 产出

UGC 是小红书平台的特色。所谓 UGC，即用户生成内容，全称为 User Generated Content，通常是指平台注册用户将自己的原创内容通过平台展示给其他人。例如，某商品的消费者在使用完之后，会用自己的账号发布有关使用感受的图片、文章、视频等，而其他用户看到这些后，感觉符合自己的需求，也会跟进购买。

小红书有一个特殊功能——标记，即用户生成内容中如果涉及商品信息，包括名称、特色功能等可以先标记出来。看到该内容的其他用户，可以直接点击"标记"跳转至商品页，以进一步了解或下单。

在这个过程中，商家和 UGC 创作者似乎在"搭台唱戏"，共同完成商品销售的任务，而且 UGC 创作者是主角，商家只扮演着辅助角色。因此，对于商家而言，布局小红书内容电商，其中一个重要措施就是鼓励 UGC 创作。例如，举办抽奖活动、提供新品试用装福利等，鼓励创作者及时分享购物经历、使用心得等。

（2）与网络红人、博主、行业达人和 KOL 合作

在积极鼓励 UGC 创作的同时，商家还应该重视小红书平台上的人脉资源，即那些网络红人、博主、行业达人及关键意见领袖（KOL，Key Opinion Leader）等，与他们深度合作。UGC 创作者一般都是平台上的普通用户，缺乏权威性和典型性。较之网络红人、博主、行业达人或 KOL，在特定领域的影响力有限。即使有一定量的忠诚用户，想要获得理想的推荐，更容易地被市场、潜在消费者接受，也是很难的。

**案例分析**

2023 年情人节期间，vivo X90 系列新配色"告白"款手机正式亮相。该商品凭借其独特的设计，成为情人节的最佳礼物选择，同时也成为记录生活"仪式感"的优选工具。以此为灵感，vivo 携手《时尚芭莎》拍摄了名为"告白就现在"的活动视频。视频讲述了三个真实感人的告白故事，视频发布后唤起了用户的情感共鸣。vivo 紧抓时机，在小红书上打造了话题——"告白就现在"，并邀请时尚、情感领域网络红人参与，分享使用 vivo X90 拍摄的主题 Vlog，进一步彰显了 vivo X90 的影响力。

小红书官方数据显示，2023 年 2 月的此次内容营销活动后，小红书平台上"告白"相关笔记热词中，"vivo X90"排名首位。在"送礼""情人节"等相关场景的词云中，平台用户对 vivo 品牌及商品的认知度明显提升。

vivo 在小红书开展的内容营销活动，以情人节为契机，借助时尚杂志、时尚领域达人合作，成效显著。需要注意的是，商家不能盲目寻找，一定要找与自己所在行业、领域、品牌定位及消费者群体画像匹配的那部分人。宠物品牌合作宠物博主，美妆品牌寻求颜值博主等。当然，在某些情况下，也可以探索跨界合作。

（3）创建品牌蓝 V 企业账号

在小红书上可以创建企业号，企业号又叫"蓝 V 号"。

小红书官方规定，提交企业营业执照等文件，并通过官方审核，缴纳相

应认证费用后，企业方可获得蓝V认证。蓝V认证号有普通号所没有的优势，这些优势主要体现在以下四个方面。

① 更易于获得用户信任：一个账号是否开通了"蓝V"是很容易区分的，开通蓝V的账号会在账号主页上明确地展示出来，带有"蓝V"标志。蓝V认证的账号更易于获得用户的信任。

② 可发布商业化内容：普通号无法发布商业色彩较强或含有商业敏感信息的笔记，而企业蓝V号则可直接发布，进行品牌宣传、商品推广。

③ "薯条"利用权限不受限：支付一定的费用后，可使用小红书上的付费工具——"薯条"，提升笔记的曝光度，推广自己账号下发布的图文、视频。但开通"薯条"是有限制条件的，要求粉丝量达到500人以上。蓝V号则没有这个限制，购买"薯条"后便可以直接推广。

④ 添加线下门店：企业蓝V号可以直接在自己的页面上添加线下门店，而且不需要实名认证就可以开通直播功能，创建商业话题、发起抽奖活动、联系达人合作、拥有企业店铺等。

总而言之，如果在小红书开展内容电商，创建蓝V账号是非常有必要的。

# 第 9 章

# 淘宝、天猫、京东、拼多多：超越传统，构建特色"内容联盟"

淘宝、天猫、京东和拼多多虽然是主流电商平台，但在当前"内容为王"的趋势下也不得不开始转型，重视起内容的运营。通过提供丰富多样的内容，为消费者打造更加多元化、个性化的购物体验。然而，它们与抖音、快手等社交平台的运营逻辑又是不一样的。

# 9.1
## 传统电商内容化，是流量与内容的深度融合

对于淘宝、天猫、京东、拼多多这些传统电商平台来说，融入高质量的内容不仅能够延长消费者浏览时长，还能提升购物体验，进而推动转化率的提升。这并不意味着完全摒弃原有的"流量机制"，因为内容与货架式电商平台的流量并非完全对立，相反，两者相辅相成，做内容也是为了服务流量、留住流量。

随着新型电商的崛起，内容与流量的关系更加紧密，短视频带货、直播带货等都是内容与流量相结合的产物，无论是淘宝直播带货还是抖音短视频和直播都体现了这一点。此时，平台的内容能力成为推动流量新增长的关键因素。

**案例分析**

淘宝、天猫、京东、拼多多等平台上的许多商家勇于迈出创新的第一步，推出了多样化的商品展示形式，包括短视频和直播带货等。这些新颖的形式以更直观、更生动的方式呈现商品的特点和使用效果，显著提升了用户的参与感和互动性。如拼多多手机端App的"多多视频"功能，如图9-1所示。

同时，社交元素的融入亦成为内容转型不可或缺的一环。消费者可以在平台上自由分享购物心得与评价，促进与商家、其他消费者的深度交流与互动，进而营造一个活跃、积极的社区环境。

例如，在京东手机端App中，每款商品主页均设有"京东问答"专区，打开该商品主页即可看到，如图9-2所示。此专区旨在构建一个互动平台，便于潜在消费者、现有消费者与商家之间进行问题解答与交流。此形式的交流机制不仅有助于潜在消费者通过问答方式深入了解商品特性与优势，更在无形中形成了一个独特的社交圈层，从而构建了一个潜在的流量聚集地，为商家带来了更多潜在的客户群体。

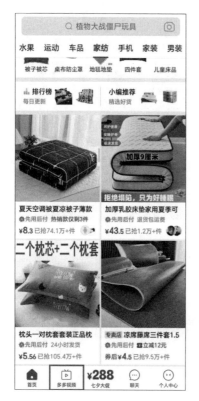

图 9-1　拼多多"多多视频"功能

图 9-2　"京东问答"专区

传统电商向内容电商转型，本质是流量与内容的高度融合。无论传统电商还是新型电商，内容化都是一场持续演进的变革。而且为了适应这一变革，双方必须主动融合、积极创新，在保持商品多样性、价格优势的同时，更加注重内容的深度挖掘和精细化运营，实现流量与内容的深度融合和相互促进。

### 案例分析

2024 年 6 月 20 日，抖音短视频挂载店铺的功能悄然下线。对于用户已发布的、挂有店铺的短视频，店铺入口也随之消失（针对发布超过 30 天的视频）。与此同时，淘宝也在进行主页模块的革新，用户普遍感受到界面更加精简、清爽。原先复杂的模块被巧妙地集成到顶部的两个菜单栏中，而更多的页面空间则留给了双瀑布流的商品和用户内容推荐，商品内容化的趋势变得更加明显。

抖音短视频挂载店铺功能的下线和淘宝主页模块的革新，这些看似微小的变化并未在用户中引起巨大波澜，但它们预示着电商平台的又一次重大转变。这些举措被视为商品内容化策略的关键一步，改变了内容电商的基础逻辑。

在过去，内容是商品的辅助，而现在平台正在推动商品成为内容的附属。最初的货架式电商，消费者急切地寻找商品，进行决策并下单。那时，电商平台的优势在于商品信息的集成能力，消费者开始跨平台比较价格和服务。为了在竞争中立足，电商平台需要强大的供应链能力和高效的配套履约能力。

# 9.2
# 店铺运营：传统电商转型仍需根植于店铺

店铺是内容与流量的交汇点，传统电商在转型过程中仍需根植于店铺的运营与管理。正确的做法是围绕商品打造差异化内容，精心构建一个"小而美"的店铺。

"小而美"这一概念通常用以描述规模虽小但质量卓越、设计考究、独具魅力的对象。这一表述强调的是精致、独特与高品质，广泛应用于店铺、商品或品牌的描述。例如，有的店铺规模不大，但其设计精良、商品质量上乘且独具特色，也能够吸引并维系特定的消费者群体。综上所述，"小而美"店铺有以下几个特点。

## （1）精选每款商品

"小而美"店铺最突出的特点是商品都是精挑细选出来的，品种虽然少，但每款都很精致，质量上乘，并具有独特卖点。

案例分析

80后淘宝店主沙果儿源于对猫咪的热爱，在淘宝平台上开设了店铺，专注于室内猫咪家具的销售，这一举措在不经意间填补了宠物市场中的一个空白领域。凭借独特的商品定位，沙果儿的店铺在萌宠这一细分市场中迅速崛起，赢得了广大消费者的青睐。截至2024年6月17日，该店铺已在淘宝积累了16.8万用户，并成功跻身淘宝神店榜"萌宠趣味玩具店铺榜"前列。

在"淘宝造物节"上，店铺更是大放异彩。她精心整合了店铺内的商品，打造了一个充满创意的"一体式喵屋改造家"展区。该展区不仅展示了多款热销的新款猫树、猫沙发等猫咪家具，还通过巧妙的布局和搭配，让这些商品更加生动、有趣，吸引了众多参观者的目光。沙果儿的这一创新举措，无疑为她的店铺赢得了更多的关注和赞誉。

沙果儿店铺猫家具如图9-3所示。

**图9-3　沙果儿店铺猫家具局部示意图**

对于传统电商而言，要以店铺为基石，深耕自己的优势领域，做优质商品，做公域、私域流量，通过精心策划的内容，实现流量的有效扩张与转化。

（2）精心设计背景

在背景设计方面，要秉承和谐统一的理念，通过精心的构思和巧妙的布局，打造出一个精致细腻的视觉盛宴。为每位消费者提供一个赏心悦目、令人愉悦的视觉体验，让他们在浏览和使用商品时能够感受到美的享受和心灵的触动。

### （3）抓住品牌特色

品牌力量不仅在于它的形象和商品，更在于它背后的故事和情感。因此，宣传品牌，不仅展现品牌的独特个性，还要展示引人入胜的故事背景。有情感的品牌会与消费者建立深厚的情感纽带，让他们在使用商品的同时，感受到品牌背后的故事和情感，从而建立起一种超越物质层面的精神联系。

### （4）注重用户体验

始终将优化消费者的购物体验放在首位。从页面布局的直观易用，到售后服务的贴心周到，不仅仅满足消费者的基本需求，更追求极致的细致与周到。通过每一个细节的优化，让消费者在每一个接触点都能感受到我们的用心和诚意，从而提供一个无与伦比的购物体验。

# 9.3
# 内容生态下的店铺框架设计与优化

内容生态下的店铺框架设计和优化与传统电商店铺存在很大的不同。首先，店铺视觉设计要与品牌形象保持一致，确保用户在浏览过程中能够快速识别品牌。其次，店铺布局需要简化购物流程，提升购物体验。此外，店铺应定期更新内容，与消费者保持互动，形成良性的内容生态循环。

## 9.3.1  深入了解店铺布局与功能

在打造"小而美"店铺的过程中，需要对店铺功能进行合理规划与设置。精心布局和设置各项功能，能显著提升用户的购物体验，进而提高订单转化率，实现店铺的长期盈利。以淘宝为例：

设置淘宝店铺需要先登录"千牛"（原淘宝卖家中心）。该平台是阿里巴巴面向所有淘宝、天猫、1688店主等提供的一款店铺管理后台，提供丰富完善的功能和服务。千牛有网页版、电脑版、手机 App 等多种版本。千牛向所有卖家提供丰富的店铺设置功能，界面如图 9-4 所示。

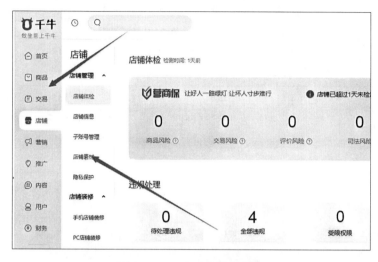

**图 9-4　千牛后台管理界面**

千牛主要功能有 5 种，如表 9-1 所示，可以帮助商家更好地设置和管理店铺。

**表 9-1　千牛提供的 5 种功能**

| 功能 | 含义 |
| --- | --- |
| 店铺管理 | 该功能旨在实现对店铺信息的全面掌控，涵盖店铺名称、Logo 以及公告的编辑与管理，确保店铺信息的准确性与时效性。同时，店铺经营者可借助此功能查看销售额、访客量等经营数据，为经营决策提供数据支持，优化店铺运营策略 |
| 商品管理 | 该功能旨在实现商品信息的有效管理，通过添加、编辑和删除商品信息，确保商品信息的实时更新。此外，该功能还支持商品的分类管理、属性添加以及价格设置，以更好地展示商品特点，吸引买家关注，提升商品竞争力 |
| 订单管理 | 该功能旨在实现订单信息的实时查看与处理，店铺经营者可轻松进行订单发货、退款等操作，满足买家需求。同时，该功能还提供订单的支付状况、物流信息查询功能，便于店铺经营者全面掌握订单状态，提升订单处理效率 |

| 功能 | 含义 |
|------|------|
| 客户管理 | 该功能旨在实现客户信息的有效管理，店铺经营者可管理买家的联系方式、购买记录等信息，为买家提供个性化的服务。此外，该功能还支持与买家进行沟通，及时解决买家问题，提升售后服务质量，增强买家满意度和忠诚度 |
| 营销推广 | 该功能旨在帮助店铺经营者提升店铺和商品的曝光度，通过后台提供的优惠券、打折活动等营销推广工具，店铺经营者可吸引买家关注，促进销量增长。此功能为店铺经营者提供了多样化的营销手段，助力店铺实现销售目标 |

## 9.3.2 店铺装修艺术：提升用户体验的关键

在了解店铺功能分区的基础上，对店铺进行装修，这是正式进入店铺构建的实施阶段。在装修过程中，确保以提升用户体验为核心，同时注重展现品牌特色并优化运营效率。店铺装修需要重点关注图 9-5 所示的八个方面。

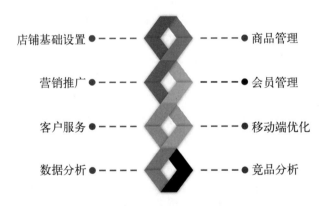

图 9-5 店铺装修需要重点关注的八个方面

### （1）店铺基础设置

传统电商店铺仍属于货架式，基础设置是十分重要的，是确保店铺正常运营、为消费者提供优质购物体验的基本保证。在进行基础设置时，需要确保店铺及商品信息完善、准确，包括但不限于店铺名称、Logo 设计、店铺介绍、经营品类等。此外，还需要关注店铺的页面布局和视觉设计，以提升店铺的整体形象和消费者购物体验。这些基础设置的完善与否，直接影响店铺的流量、转化率以及用户满意度。因此，对于店铺而言，重视并优化基础设置是至关重要的。店铺基础设置方面的装修项目如表 9-2 所示。

**表 9-2　店铺基础设置方面的装修项目**

| 基础设置 | 具体技巧 |
|---|---|
| 店铺名称与 Logo | 建议选取独特且易于记忆的店铺名称，并设计高辨识度的 Logo，以体现品牌个性 |
| 店铺简介 | 应撰写简洁且吸引人的简介，着重突出店铺的特色与优势，便于用户快速了解 |
| 首页布局 | 简洁美观：首页设计需简洁、清晰，使用高清大图与简洁布局，展示热销商品、新品推荐及优惠活动 |
| | 风格统一：店铺整体风格应保持一致，包括色调、字体、排版等，以营造美观的视觉效果 |
| 模板选择 | 模板适配：建议选择符合小而美风格的装修模板，可在淘宝装修市场选取专业设计模板，并根据实际需求进行定制 |
| | 自定义装修：根据店铺特色与用户喜好，自定义装修首页、分类页面及商品详情页 |

## （2）商品管理

店铺的商品管理涵盖三个方面，分别为精选商品、商品详细描述以及商品分类与导航。

① 精选商品：应着重聚焦于某一类或若干类具备高品质与独特性的商品，避免盲目追求商品种类的全面与广泛，以确保商品的品质与特色得到凸显。

② 商品详细描述：又叫商品详情页，应提供详尽且准确的描述信息，并辅以高清的图片展示，以便用户能够全面了解商品的细节与优势，从而做出更明智的购买决策。

③ 商品分类与导航：在商品分类与导航的设置上，应遵循科学合理的分类原则，对商品进行细致的分类，并设置简洁明了的导航栏，便于用户快速定位

并找到所需商品。同时，首页应设置焦点图轮播区域，用以展示店铺的主打商品与最新活动，以此吸引用户的注意力并激发其购买欲望。

**（3）营销推广**

在店铺营销推广板块，其整体布局涵盖三个部分，分别为优惠促销、店铺优惠券发放以及限时折扣活动。

① 优惠促销：通过精心设计的促销活动策略，以多样化的优惠形式吸引用户的关注与参与。

② 店铺优惠券发放：设置多种类型的优惠券，包括但不限于满减券和折扣券，以满足不同用户的需求，并刺激其下单购买。

③ 限时折扣活动：定期开展的限时折扣活动也是营销推广的重要手段之一。通过定期推出具有限时性的折扣活动，营造一种紧迫感，进一步激发用户的购买欲望，从而促进销售增长。

**（4）会员管理**

会员管理的目的是提升消费者满意度和忠诚度，一个完善的会员管理系统对稳定店铺经营发挥着至关重要的作用。在设置时可突出两个部分，分别为会员等级和会员专享，如表9-3、表9-4所示。

表9-3　会员等级设置技巧

| 技巧 | 示例 |
| --- | --- |
| 设立明确的会员等级体系 | 例如初级会员、中级会员、高级会员等，每个等级对应不同的积分门槛和特权 |
| 为每个等级的会员提供相应的优惠政策 | 如折扣、免费试用新品、积分回馈等，激励用户积极参与和升级 |
| 定期评估会员等级体系的有效性，根据用户反馈和市场变化进行调整和优化 | — |

表9-4　会员专享设置技巧

| 技巧 | 示例 |
| --- | --- |
| 推出会员专享活动 | 如会员日、会员周等，为会员提供额外的优惠和福利 |
| 发放专属优惠券 | 仅供会员使用，增加会员的购买意愿和忠诚度 |

| 技巧 | 示例 |
|---|---|
| 为会员提供定制化的服务 | 如专属客服、个性化推荐等，提升会员的购物体验 |
| 定期举办会员互动活动 | 如线上抽奖、线下聚会等，增强会员之间的交流和互动 |

### （5）客户服务

客户服务环节至关重要，主要分为在线客服和售后客服两大方面。

① 在线客服的职责如图9-6所示。

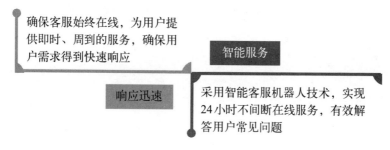

图9-6　在线客服的职责

② 售后客服的职责如图9-7所示。

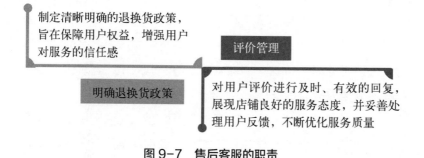

图9-7　售后客服的职责

### （6）移动端优化

① 响应式设计：为确保店铺在多样化的访问设备上均能呈现出良好的用户体验，我们采用响应式设计方法，使得店铺在移动端与PC端均能展现出卓越的展示效果，从而优化用户的浏览与购物体验。

② 简化操作：为进一步提升用户的购物体验与转化率，我们专注于简化移动端的操作流程，通过精简的步骤和直观的交互设计，使用户能够轻松完成购物流程，享受便捷、高效的购物体验。

### （7）数据分析

电商店铺数据分析已成为提升业务效率和优化用户体验的关键环节。通过对店铺各项数据的深入剖析，便可以进行市场洞察，进而指导店铺的运营。

① 生意参谋应用：采用生意参谋工具对店铺流量、转化率以及销售额等关键数据进行精准分析，旨在识别运营过程中存在的潜在问题，并探索相应的改进空间。

② 用户反馈收集：高度重视用户的评价与反馈，通过持续收集与分析，不断优化商品品质与服务水平，以进一步提升用户满意度。

### （8）竞品分析

在竞争激烈的市场环境中，商家应始终密切关注竞争对手的动态。通过对比分析，制定出更具针对性的运营策略，以应对市场竞争的挑战。

## 9.3.3　流量整合策略：打造店铺流量闭环

打造"小而美"的店铺除了功能设置和必要的装修外，不可忽视的一点就是流量的获取。功能配置与店铺装修作为外在因素固然不可或缺，但流量作为内在驱动力更重要。一个成功的店铺，必须能够全面展现商品的独特魅力，并精准吸引目标用户群体，而这一切均依赖流量的有效引入与转化。因此，流量在店铺运营中起着决定性的作用。

然而，大多数商家只能实现在首页上展示商品，在消费者引流方面则相对薄弱。所以，要想让店铺有足够的引流能力，商家需要深入剖析流量运营的内在逻辑。

### （1）明确流量的来源

剖析流量运营的内在逻辑，首先是明确流量的来源，大致可归纳为六个方面，如表9-5所示。

表9-5　店铺流量来源

| 流量来源 | 含义 |
|---|---|
| 首页流量 | 即通过 App 首页推荐的流量。例如，传统电商平台首页通常包含多个引流板块，如淘宝上的"猜你喜欢""淘抢购""每日好店"等，这些板块其实都是很好的引流渠道，平台会根据消费者的购物习惯和兴趣推荐他们经常光顾的店铺和商品，从而锁住消费者 |
| 自然搜索流量 | 即消费者通过平台上的搜索功能，搜索相关商品，进入店铺所产生的流量。影响自然搜索流量的因素有店铺权重、商品销量、商品点击率、商品关键词匹配度及商品评价等 |
| 直通车推广流量 | 直通车是一种付费流量工具，在很多平台上都有，商家通过设置关键词出价，使商品在相关关键词能获得更佳的展示位置，从而吸引更多消费者点击和搜索 |
| 内容营销流量 | 传统电商向内容电商转型，关键还是做好内容。内容形式可以参考抖音、快手等社交平台上的图文、直播、达人推荐等。通过优质的内容吸引消费者关注，提高商品转化率 |
| 活动流量 | 主要源于官方或第三方平台组织的各类活动，如双十一、618、店庆等大促活动。商家通过活动页面和优惠政策吸引大量消费者点击进入店铺 |
| 外部引流 | 是指通过社交媒体（如微信、微博）、论坛、网站、短视频平台等外部渠道，引导消费者进入淘宝店铺，从而增加流量 |

需要注意的是，上表中的流量获取渠道仅首页流量和自然搜索流量是免费流量，其余则需付费获取。因而，对于中小商家而言，在业务起步阶段，应当优先关注并充分利用这两种免费流量。自然搜索流量的主导权掌握在消费者手中，体现的是"人找商品"，而首页流量则可以通过商家自身的优化而获得，体现"商品找人"的效果。只要利用好这两个渠道，同样可以打通"人找商品，商品找人"的双向通道，取得非常好的引流效果。

**（2）明确推流机制**

打通店铺流量还需要明确它的推流机制。实际上，首页推荐某款商品的底层逻辑是所推荐的商品要比其他商品更值得被推荐。从这个逻辑出发不难看出，要想商品登上首页，必须先打造高价值商品，让系统判定该商品是值得被选入的。打造高价值商品，具体从表9-6所示的九个方面入手。

表9-6　打造高价值商品的九个方面

| 注意事项 | 含义 |
| --- | --- |
| 提高商品的综合评分 | （1）销量和好评：高销量和好评率是系统推荐的重要指标，通过促销、打折、捆绑销售等方式提升销量，并鼓励消费者留下好评<br>（2）DSR（Detailed Seller Ratings，店铺动态评分）：保持高的店铺动态评分（描述相符、服务态度、物流服务）也是关键 |
| 优化商品标题和主图 | （1）关键词优化：商品标题中要包含用户搜索量大的关键词，同时避免关键词堆砌，保持标题的自然流畅<br>（2）高质量主图：主图要清晰、美观，突出商品卖点，吸引用户点击 |
| 利用淘宝直播和微淘 | （1）淘宝直播：通过淘宝直播展示商品，吸引用户关注和购买，增加互动率和用户黏性<br>（2）微淘内容：定期发布微淘内容，如新品推荐、使用教程、优惠信息等，增加用户互动 |
| 参与淘宝官方活动 | （1）官方大促：参与淘宝的官方大促活动如"双十一""618"等，通过活动流量提升商品曝光<br>（2）日常活动：参与淘宝的日常活动如淘抢购、天天特价等，增加商品展示机会 |
| 精准人群标签 | （1）人群标签优化：通过直通车等工具优化人群标签，使商品更精准地匹配目标用户<br>（2）定向推广：进行定向推广，提高商品在特定用户群体中的曝光率 |
| 提升店铺活跃度 | （1）新品上新：定期上新商品，保持店铺的活跃度，增加被推荐的机会<br>（2）内容更新：保持店铺的内容更新，如更新商品详情页、发布新的微淘动态等，吸引用户互动 |

| 注意事项 | 含义 |
|---|---|
| 数据分析与优化 | （1）数据分析：定期分析商品的点击率、转化率、停留时间等数据，找出问题并进行优化<br>（2）A/B测试：通过A/B测试不同的商品标题、主图、详情页等，选择效果最佳的方案 |
| 提升用户互动 | （1）用户互动：通过评论、问答等方式与用户互动，增加商品的评论数和互动量<br>（2）用户评价：积极回应用户评价，解决用户问题，提升用户满意度 |
| 社交媒体引流 | （1）社交平台推广：利用抖音、快手、小红书等社交平台进行商品宣传，吸引更多用户访问淘宝店铺，提升店铺在淘宝的权重。同时，经常开展直播，首页有专门用于展示店铺直播间的板块<br>（2）内容营销：发布优质的内容，如使用教程、买家秀等，引导用户点击和购买 |

# 9.4

# 内容生态下的店铺运营秘籍

在内容生态体系中，传统电商店铺运营务必高度重视内容的构建与传播，精准发掘商品背后的故事，精心创作引人注目的内容。比如，设计优质的详情页，确保文字与视觉元素和谐统一；妥善管理评论区，以增强互动效果等。

## 9.4.1 挖掘商品背后的故事，打造吸睛内容

吸睛内容对于传统店铺内容打造至关重要，首先需要深入剖析商品背后的故事，并以此为独特卖点与亮点，创作出具有吸引力的内容。

（1）挖掘商品卖点的步骤

商品的卖点，即该商品相对于其他竞品所具有的独特优势、特色，是吸引消费者关注并促使其购买的关键。在激烈的市场竞争中，商品卖点如同一道独特的风景线，可以帮助消费者在众多商品中迅速找到满足自身需求的商品。

商品卖点不仅体现在其基本功能上，还体现在内在的价值和文化上。例如，创新设计、精湛的制造工艺、优质的选材，也可能是基于用户体验的精心优化、服务质量的持续提升或背后文化的深度传承。

那么，商家应如何挖掘商品卖点呢？一般而言，可遵循以下四个步骤进行。

第一步：需求调研。在挖掘商品卖点时，必须以满足消费者需求为根本出发点。因此，商家应当借助市场调研、网络访谈等多种方式，深入洞察消费者的期望与偏好，聆听他们内心的真实想法。

第二步：反馈优化。在对消费者需求进行深入调研之后，接下来就是搜集他们的反馈信息，并运用科学有效的方法进行分析。根据分析结果调整商品卖点，确保商品与消费者需求高度契合。

第三步：竞品分析。在提炼商品的卖点过程中，明确目标受众的需求至关重要，同时，对竞争商品进行详尽的分析亦不可或缺。必须全面掌握同类商品的优势与劣势，深入剖析其卖点与不足之处，总结出商品的独特价值，从而为自身商品卖点的定位提供坚实可靠的依据。

第四步：卖点传递。在明确商品卖点之后，接下来的任务是通过多样化的广告策略、精准的宣传手段以及促销活动等多种方式，将这些卖点有效地传达给目标消费者，使他们充分认识到商品的独特优势和价值所在。

（2）内容写作技巧

在挖掘出商品的核心卖点后，接下来便是将这些独特优势巧妙地融入内容之中。需要掌握写作技巧，以准确体现出商品的卖点，引发消费者的情感共鸣，从而赢得他们的认可与接受。这些写作技巧通常有八种，具体如表9-7所示。

表9-7 八种写作技巧

| 写作技巧 | 含义 | 示例 |
|---|---|---|
| 站在用户视角 | 以消费者为核心，回应其关切与需求，可直接解答疑问 | 本商品如何助您节省时间，陪伴家人？ |
| 引发情感共鸣 | 利用故事手法，触动消费者情感，分享用户改善生活的真实故事，建立情感连接 | 从问题肌肤到健康肌肤——我和护肤品的故事 |
| 明确商品价值 | 清晰展现商品核心价值与独特卖点 | 节省50%时间或环保垃圾袋重复使用500次，减少塑料污染 |
| 应用具体数据与事实 | 以精准、具体的事实、数据作为佐证，增加可信度 | 护肤品含20%维生素C，两周提亮肤色 |
| 描述场景 | 多描述商品的使用场景，帮助用户理解商品实用性 | 咖啡机适合办公室使用，3分钟制作香浓咖啡 |
| 引用用户评价 | 引用真实评价，增加内容的可信度和说服力 | 李女士表示皮肤变得光滑有弹性 |
| 体现紧迫性与稀缺性 | 营造紧迫与稀缺氛围，激发购买欲望 | "限时特惠"或"本月购买享赠品" |
| 讲品牌故事，上升到使命高度 | 讲述品牌故事与使命，与用户建立情感联系 | 我们研发天然、有机护肤品，让每位用户拥有健康美丽的肌肤 |

运用上述方法，便可以写出既能打动用户又能突出商品优势的吸睛内容，从而提升"小而美"店铺的整体吸引力和销售转化率。下面来看一个将卖点融入内容的案例。

　　某智能健身手环的卖点是高精度健康监测、智能运动指导和超长待机时间。以下是商家将这些卖点巧妙融入内容的写法。

　　标题：掌控健康，从手腕开始——智能健身手环，你的私人健康管家

　　正文：

　　你是否曾经因为忙碌而错过了身体的小信号？你是否因为缺乏运动计划而感到困惑？现在，这一切都将因为有了我们的智能健身手环而改变。

　　1. 高精度健康监测，你的私人医生

　　这款手环采用了业界领先的高精度传感器，能够24小时不间断地监测你的心率、血压、血氧饱和度等关键健康指标。无论是日常活动还是夜间睡眠，它都能为你提供准确的数据支持，让你随时掌握自己的身体状况。

　　2. 智能运动指导，你的私人教练

　　你是否曾经因为不知道如何开始运动而感到迷茫？这款手环内置了多种运动模式，能够根据你的身体状况和运动习惯，为你量身定制个性化的运动计划。同时，它还能实时记录你的运动数据，为你提供科学的运动建议，让你的运动更加高效、安全。

　　3. 超长待机时间，你的贴心伙伴

　　我们深知你对续航能力的需求，因此这款手环采用了先进的低功耗设计，一次充电能够持续使用长达一周的时间。无论你身处何地，它都能为你提供稳定的健康监测和运动指导服务，成为你真正的贴心伙伴。

　　选择我们的智能健身手环，就是选择了一个全方位的私人健康管家。它不仅能够为你提供精准的健康监测数据，还能为你提供个性化的运动指导服务。现在就加入我们吧，让健康成为你生活的一部分！

## 9.4.2　详情页设计：文字与视觉的和谐统一

店铺商品详情页是传统电商转型内容电商的主要窗口，可以向消费者集中传递品牌优势，展示店铺内的商品信息。一份优质的详情页不仅要精准地突出商品的独特优势与特点，还需借助精美的视觉呈现和真实的用户反馈，以强化潜在消费者的购买意愿和信任度。

商品详情页通常包含内容、图片及用户评价三个部分，如图 9-8 所示。这些内容共同构成了一个全面、富有说服力的商品展示页面。

要打造店铺，必须针对商品制作专门的详情页，包括商品内容、图片和评价。具体可从表 9-8 所示的五个方面来制作。

图 9-8　商品详情页

表 9-8　制作商品详情页的五个方面

| 项目 | 含义 | 具体内容 |
| --- | --- | --- |
| 结构清晰 | 结构应该简洁明了，信息分布合理，使用户能够快速获取所需信息 | （1）分段展示：将详情页划分为多个部分，如品牌故事、商品介绍、使用方法、规格参数、评价等。每个部分都要有明确的标题和段落，避免信息过于密集。例如，在品牌故事部分可以讲述品牌的独特历史和设计理念<br>（2）导航便捷：设置页面内导航，使消费者可以快速跳转到感兴趣的部分，提升浏览效率和体验 |

| 项目 | 含义 | 具体内容 |
|------|------|----------|
| 视觉效果好的图片 | 图片是吸引用户注意力的重要元素，高清商品图片能够有效提升详情页视觉效果 | （1）多角度展示：通过多角度的高清图片展示商品的各个细节和特点，让消费者可以全方位了解商品。例如，手工艺品店铺可以展示商品的制作过程和细节特写<br>（2）情景图和使用图：在实际使用场景中展示商品，让消费者更容易想象商品的应用效果。例如，家居装饰品可以通过布置在房间中的照片展示其装饰效果 |
| 独特的高质量内容 | 内容是传递商品信息和打动用户的重要工具，高质量的内容应该既能清晰地传达商品的功能和优势，又能引发用户的情感共鸣 | 可以根据 FABE 法则来撰写。<br>（1）Feature（特征）：突出商品产地、材料、工艺上的考究、独特、专业性或专利技术的独占性<br>（2）Advantage（优点）：商品特征带来的优点，例如，和其他同行业商品的对比、技术上的改进、使用场景上的扩大<br>（3）Benefit（利益）：商品优点能给消费者带来的好处或利益，即一直强调的核心卖点，例如，技术改进带来的功效，商品外观更新带来的更棒的视觉体验<br>（4）Evidence（证据）：证明以上三条所说是对的，例如，全行业只有我们的商品能达到的技术效果的证书、官方机构授予商品的表彰等 |
| 真实评价 | 用户评价是增加商品可信度和吸引力的重要元素，展示真实的用户评价，尤其是带有图片和视频的买家秀，能够有效增强用户的信任感 | （1）精选评价：在详情页中展示精选的消费者评价，尤其是详细的、有说服力的评价，例如，选择那些详细描述商品使用感受和效果的评价，而不仅仅是简单的"好评"<br>（2）买家秀展示：鼓励用户上传带有图片和视频的评价，并在详情页中展示这些买家秀。例如，在参与评价的消费者中抽取 100 人送精美礼品一份<br>（3）评价回复：及时回复消费者的评价，尤其是对负面评价给予合理解释和解决方案，展示店铺的服务态度和责任心。例如，对于消费者提出的问题，可以详细解答并提供相应的解决办法，展示专业性 |

| 项目 | 含义 | 具体内容 |
|---|---|---|
| 其他内容 | 在详情页添设可以增加用户信任度的元素，进一步提高用户的购买信心 | （1）认证标志：展示商品通过的各种认证和荣誉，如"手工艺认证""环保认证"等<br>（2）售后保障：在详情页中明确说明售后保障政策，如退换货政策、保修服务等，让消费者在购买时更加放心。例如"本商品享受 30 天无理由退换货和一年保修服务" |

## 9.4.3 激励消费者分享，增强品牌黏性

在当今这个信息爆炸的时代，口碑对于商品的重要性不言而喻。买家秀作为消费者真实体验的直接体现，更是口碑传播的有力武器。因此，商家要积极探索和尝试各种方式，鼓励消费者分享买家秀，以此提高商品的口碑。

**案例分析**

拼多多上某主营家居用品的店铺，在店铺专门设立了买家秀专区，邀请已购买用户分享购买商品后的使用感受、摆放效果。这些买家秀图片、视频展示了商品在不同家居环境中的实际表现，让潜在客户更加直观地了解商品的适用性和效果。为了鼓励用户提供买家秀，该店采取了一系列措施。

① 设立专门的买家秀专区：在网站或社交媒体平台上设立专门的买家秀专区，让用户可以轻松找到并上传自己的照片或视频。

② 鼓励用户分享：在商品详情页或订单确认页中提醒用户上传买家秀，并告诉他们如何参与活动。

③ 举办相关活动：定期举办"家居改造大赛"，鼓励用户分享自己的家居改造案例和使用的商品，进一步扩大品牌影响力。

④ 展示优秀买家秀：将优秀的买家秀展示在网站首页或社交媒体平台上，让更多人看到并受到启发。

⑤完善奖励机制：设立奖励机制，如积分、优惠券或实物礼品等，以激励用户参与买家秀活动。

总之，鼓励消费者分享买家秀是一种有效的内容策略，可以增加内容的丰富度，大大吸引潜在消费者，轻松激发消费者的参与热情，提高品牌影响力和销售业绩。一般而言，可以通过以下七种方式来鼓励用户发布买家秀，具体内容如表9-9所示。

表9-9　鼓励用户发布买家秀的七种方式

| 建议 | 详情 |
| --- | --- |
| 优化买家秀分享功能 | 无论是官方网站还是社交平台，商家都为消费者提供了便捷的分享功能，只需几步，就可将消费者的所见所闻所感分享出来 |
| 奖励机制 | 消费者分享包含商品文字、照片、视频等评价后，商家应授予奖励，如优惠券等，以提高他们参与的积极性，强化二次购买意愿 |
| 积分系统 | 构建积分系统用于兑换折扣券或小礼品，此举将促进消费者活跃度，同时增加其参与动力 |
| 买家秀活动 | 定期举办买家秀活动，例如，每月可举办一次买家秀大赛，获奖者可获得免费服装或大额优惠券。此举不仅能增加消费者互动，还能显著提升店铺曝光度和消费者参与感 |
| 消费者展示墙 | 在店铺首页设置"消费者展示墙"，展示消费者上传的精美照片和使用感受。这不仅能够直观展示商品的实际效果，还能增强消费者的信任感和复购欲望。当然，展示前需确保已获得消费者的明确许可 |
| 互动反馈 | 重视与消费者的互动反馈。每当有消费者分享买家秀时，商家都要第一时间进行回复。同时，定期收集消费者的反馈和建议，据此不断优化商品和服务，以满足消费者的需求 |
| 打造私域流量池 | 建立消费者群或引导消费者加入私域微信群，构建一个消费者交流经验的社区平台。鼓励消费者分享买家秀和使用心得，增加消费者黏性，提升复购率 |

## 9.4.4 做好评论区管理，提升互动效果

评论区是展示消费者反馈的重要渠道，更是与消费者互动、提升消费者体验的关键平台。通过精心管理评论区，可以增强消费者的参与感和信任感，从而提高店铺的整体运营效果。商家通常可以采取以下几种措施，做好评论区管理，提升互动效果。

### （1）积极回复评论

对于消费者的评论，商家需要采取积极主动的态度进行回复，确保信息的及时传递与沟通。

① 快速响应：在评论区中，对于消费者的提问和反馈，商家应及时作出回应，以展现专业性和优良的服务态度。例如，针对消费者提出的商品质量问题，商家需迅速提供解决方案或补偿措施，以凸显对消费者体验的关切。

② 个性化回复：根据不同的评论内容，商家应给予针对性回复，避免使用千篇一律的模板。例如，当消费者分享商品使用心得时，商家可在回复中深入探讨并感谢其支持，以增强消费者与店铺的互动。

### （2）引导消费者评论

通过有效的引导策略，鼓励消费者积极参与评论，以丰富讨论内容，提高社区活跃度。

① 评价提示：在消费者完成购买后，通过短信或推送消息，邀请其对所购商品进行评价，并提供评价指导问题，如"请您分享该商品的使用效果""您对商品的包装和配送是否满意"等。

② 设立评论奖励：为鼓励消费者留下详尽评价，可设立一定的奖励机制，如发放优惠券或积分。此举不仅可提高消费者评论的意愿，还能提升评价的质量和可信度。

### （3）促进消费者评论区互动

为了增强消费者间的互动与交流，商家应促进消费者在评论区的积极互动，构建和谐的社区氛围。

① 鼓励互动：在消费者群体中，应鼓励老消费者带动新消费者在评论区进行互动，分享使用经验和回答问题。

② 商家参与互动：商家不仅需回复消费者评论，还应主动在评论区发起讨论或提问，以激发消费者的参与热情。

### （4）管理负面评论

对于出现的负面评论，商家应进行严谨管理与处理，以确保社区环境的健康与稳定。

① 公开回应：针对负面评论，商家应公开回应并提供解决方案，以展现商家对消费者问题的重视和解决问题的决心。例如，当消费者对商品表示不满时，商家可公开回复并提出换货或退款方案，让消费者感受到商家的责任感和服务意识。

② 私下沟通：对于复杂或严重的问题，建议商家通过私信与消费者进行深入沟通，提供个性化的解决方案，并在公开回复中简要说明处理进展和结果，以维护信息的透明度。

# 第 10 章

# 未来发展趋势：内容电商做大做强的八大技巧

为了在激烈的市场竞争中脱颖而出，内容电商运营者必须掌握符合平台规范且契合消费者期望的运营策略。本章将从内容生态系统、品牌影响力等八个关键维度进行详细剖析，旨在为内容电商行业的未来发展提供强有力的支撑，进而推动其实现可持续的增长与发展。

# 10.1

## 技巧1：构建完备的内容生态系统

内容生态系统是一个相互依存、共同成长的复杂体系，其最大优势是促进各方共同成长与协同发展。对于内容电商而言，构建一个完善的内容生态系统至关重要，该系统不仅涵盖品牌、创作者、平台与受众，更需融入广告商、品牌合作伙伴等多元化的利益相关者。一个健康、健全的内容生态系统，不仅能够推动内容的多样化与创新，还能显著提升用户黏性，从而赋予内容强大的生命力和可持续发展动力。

> **案例分析**
>
> 某知名教育自媒体平台创立之初，便坚定不移地贯彻"以内容为核心"的理念，致力于为消费者提供高质量、具有实际价值的内容。通过持续的内容生产流程优化、传播策略调整及消费体验提升，该平台已成功构建并运营起一套完善的内容生态系统。此内容生态系统主要包含如图10-1所示的四个关键部分。
>
> 通过上述措施，该自媒体平台成功构建了一个完善的内容生态系统。平台的用户规模和活跃度持续增长，内容质量和传播效果亦得到显著提升。同时，该平台还吸引了大量优质创作者加入，形成了一个良性循环的内容创作生态。
>
> 该自媒体平台通过构建完善的内容生态系统，成功实现了内容生产、传播和消费环节的优化。在未来，该平台将继续坚持"内容为王"的原则，不断创新和完善内容生态系统，为用户提供更加丰富、优质的内容体验。同时，平台还将加强与其他自媒体、媒体机构的合作，共同推动自媒体行业的健康发展。

**内容生产**

该平台汇聚了一支由资深编辑、记者和各领域专家组成的内容创作团队。他们根据市场需求和用户偏好，精心策划并产出高质量的内容。同时，平台也鼓励用户参与内容创作，通过设立专栏、发起话题讨论等方式，吸引更多优秀创作者加入。

**内容传播**

该平台充分利用社交媒体、搜索引擎等多元化渠道，确保内容能够精准触达目标用户。借助先进的用户画像技术和推荐算法，平台能够为用户推送其兴趣和需求高度匹配的内容，进而提升内容传播效率。

**内容消费**

为提升用户消费内容的体验，该平台不断优化页面设计、提高加载速度等，确保用户能够流畅、便捷地浏览和阅读内容。同时，平台还建立了完善的用户反馈机制，鼓励用户对内容进行点赞、评论和分享，以增强用户与内容之间的互动。

**内容监管**

为确保内容生态的健康有序发展，该平台建立了严格的内容审核机制。通过人工审核与智能识别技术的结合，对平台上发布的内容进行全方位把关，确保内容的质量与安全。对于违规内容，平台将采取删除、封禁等必要措施予以处理。

图 10-1　内容生态系统包含的四个部分

做内容电商，构建一个完善的内容生态系统是至关重要的，它不仅能提升用户体验，还能增强平台的吸引力和竞争力。那么，如何打造完善的内容生态系统呢？需要做好表 10-1 所示的五个方面。

表 10-1　打造内容生态系统需要注重的五个方面

| 方面 | 含义 |
|---|---|
| 多样性 | 为确保满足广大受众的多样化需求，内容的形式与主题应该具备多样性。内容形式包括但不限于视频、图文、音频、直播等，而主题则广泛涵盖娱乐、教育、新闻等多个领域 |
| 互动性 | 提升消费者的参与度和体验，通过评论、分享、点赞等多种方式与消费者建立深厚的联系。同时，积极构建高互动性的社区环境，鼓励消费者积极参与讨论和反馈，从而进一步增强消费者的黏性 |
| 合作伙伴 | 为推动内容的广泛传播与高效变现，应积极与品牌、广告商、KOL 等建立紧密的合作关系。通过合作，商家不仅能够扩展内容的传播渠道，还能有效提升品牌知名度和消费者覆盖面 |
| 技术支持 | 充分利用先进的技术手段，如 AI 和大数据分析，以提高内容生产和分发的效率。通过技术手段的精准运用，商家能够更好地匹配消费者需求，提升内容的个性化程度和消费者体验 |
| 内容保护 | 高度重视内容保护，致力于建立健全的版权保护机制，以防止内容被非法盗用或侵权。通过法律手段和技术手段的结合，我们努力保障内容生态的健康发展，维护创作者的合法权益 |

# 10.2
# 技巧 2：借助外力，增强品牌影响力

　　用户群体在内容电商领域中扮演着至关重要的角色，他们既是内容的消费者，更是内容的创造者和传播者。他们通过分享和推荐优质内容，为企业和品牌带来了更为广泛的曝光度和影响力。因此，在构建内容电商生态时，商家必须充分认识到消费者力量的重要性，并充分发挥其积极作用。

　　一位美妆领域的博主凭借其卓越的专业知识、精细的化妆技巧、亲和力和个人素养，在各大社交媒体平台上成功吸引了数百万人的关注。

　　首先，她通过深入调研和分析，准确把握了特定消费群体的需求和兴趣，从而精确定位了内容创作方向。不仅在社交媒体上分享高质量的美妆教程和商品测评，还积极与消费者互动，耐心解答疑问，认真收集反馈。这种深入的互动让消费者感受到了被尊重和重视，有效增强了消费者的忠诚度和黏性。

　　为了进一步挖掘消费者价值，她建立了专属的粉丝社群，为他们提供了一个交流互动的平台。在社群中，定期发布独家美妆教程、优惠信息及活动通知，并策划了丰富多样的线上线下互动活动。这不仅增强了消费者的归属感，也为他们提供了一个分享美妆心得、学习化妆技巧的空间。

　　此外，她还积极鼓励消费者参与到内容创作中来，通过社交媒体发起话题讨论和投票活动，引导消费者参与美妆教程和商品测评的创作过程。这种参与的方式不仅丰富了内容形式，还提高了消费者的参与感和满足感。

　　同时，她与多家美妆品牌建立了稳固的合作关系，通过在自己的账号上推广这些品牌的商品，实现了内容的变现。她在直播间中展示并试用商品，同时在文章中分享使用心得和推荐理由。这种真实的推荐赢得了消费者的信任，进而提高了转化率。

　　通过充分利用已有的消费者资源，该博主在内容电商领域取得了显著成果。其账号粉丝数持续增长，消费者黏性不断提高，转化率也实现了大幅提升。这一案例充分证明了，通过充分利用消费者的力量，内容电商可以有效提升品牌曝光度、消费者黏性和转化率。

　　在实践中，可以从表10-2所列的五个方面来借助消费者力量。

表 10-2　借助消费者力量的五个方面

| 方面 | 含义 |
| --- | --- |
| 与消费者互动 | 充分利用社交媒体平台，与消费者保持持续、有效的互动。通过发布社交媒体广告、分享优质内容以及引导话题讨论等方式，扩大品牌的传播范围，提升品牌知名度和影响力 |
| 用户生成内容 | 积极鼓励消费者创作与品牌相关的内容，旨在通过消费者的参与和贡献，提升品牌的可信度和影响力。通过 UGC 活动，激发消费者的创造力和参与热情，使其自发地为品牌进行宣传和推广 |
| 举办活动 | 通过策划和举办定期的活动、消费者见面会等，深化与消费者之间的情感联系，构建稳固的消费者基础。在线上和线下同步开展多样化活动，以建立与消费者之间深厚的情感纽带 |
| 给消费者福利 | 为消费者提供独家内容、限量商品等专属福利，旨在增强消费者对品牌的归属感和忠诚度。通过举办优惠活动、发放消费者专属福利等方式，提升消费者的品牌忠诚度，促进品牌与消费者之间的紧密联系 |
| 设置品牌大使 | 精心选择具有广泛影响力和良好公众形象的消费者作为品牌代言人，旨在通过优秀人员的带动，进一步扩大品牌市场覆盖面和影响力，增强品牌的可信度，提升品牌形象 |

# 10.3
# 技巧3：秉持创新精神，强化内容创意

在当前信息快速更迭、信息过量的时代背景下，内容缺乏的正是创新力。因此，内容电商未来最重要的一项工作就是内容创新。将创新作为内容运营的核心，富有创意的内容不仅能够提升消费者的体验，还能有效增强其对企业、品牌的信任度和忠诚度。同时，也是保持强有力竞争性，在同行中脱颖而出的原动力。具体可以从表 10-3 所列的八个方面来做。

表 10-3　提升内容创新的八个方面

| 方面 | 含义 |
| --- | --- |
| 内容多元化 | 内容不能过于单一，文字、图片、视频、音频多种形式并用，以满足不同消费者的需求和偏好 |
| 多平台矩阵 | 内容形式要多元化，同时也要建立平台矩阵，在主流平台上广撒网，以吸引全平台的消费者 |
| 组建专业团队 | 一个人的力量总是有限的，组建富有创新能力的专业团队，通过团队协作生产更多富有创意的内容 |
| 借鉴优秀案例 | 深入研究优秀内容电商平台的成功经验，并结合自身特点，进行创新实践 |
| 推荐个性化内容 | 利用大数据技术，深入挖掘消费者数据，精准把握消费者兴趣和偏好，基于这些实施个性化内容推荐策略 |
| 故事化内容营销 | 采用叙事手法，讲述品牌或商品的故事，传递其形象和价值观，故事化营销有助于引发消费者共鸣 |
| 多形式社交互动 | 设计游戏、抽奖、打卡等多样的互动，提升消费者参与度，建立品牌与消费者之间的信任和忠诚关系 |
| 定期更新内容 | 根据消费者反馈和市场变化，及时发现问题并优化内容质量，建立健全的质量控制流程，确保电商内容的持续更新和升级 |

综上所述，内容电商在进行内容创新时，需从多个维度出发，构建多元化的内容类型、实施个性化内容推荐、采用故事化内容营销、利用新媒体平台发布内容、设计多元化的社交互动等，以实现内容电商的持续发展。

# 10.4

## 技巧 4：整合资源，借力打力降低创作成本

做内容运营，做好资源的整合工作非常重要。正如古语所云："他山之石，可以攻玉。"每个人的自有资源是非常有限的，应避免孤军奋战，而要善于借

力。有效引进外部资源，不但能控制运营成本，还可以超越预期的运营效率。整合资源包括寻求合作伙伴，优秀的合作伙伴能形成强大的合力。例如，借助关键意见领袖（KOL）和"大V"的影响力。

**案例分析**

　　某在线教育平台在内容运营上一直走在行业前列。他们不仅仅满足于自己制作课程，还努力争取外部资源的支持，从而构建了一个完整的内容生态体系，为学员提供一站式的学习平台。

　　首先，他们积极与各大出版社、教育机构合作，引入优质的版权内容。这些内容包括但不限于教材、教辅、考试真题等，为学员提供了丰富的学习资源。通过与合作伙伴互利共赢，该平台成功吸引了大量的专业作者和教育资源提供者，为内容生态体系的构建奠定了坚实的基础。

　　其次，该平台注重学员资源的利用。他们鼓励学员在学习过程中分享自己的心得、经验以及对课程的评价和建议。这些内容不仅丰富了平台的内容库，也为其他准客户提供了宝贵的参考。同时，平台还设立了激励机制，如积分兑换、优秀内容推荐等，进一步激发了学员们的参与热情。

　　该平台还注重新技术的使用。利用大数据、人工智能等技术，对学员的学习行为、偏好进行深入分析，从而为他们推荐最合适的学习内容。这种个性化的推荐方式不仅提高了学员的学习效率，也增强了学员对平台的信任度和满意度。

　　在内容传播方面，该平台充分利用各大社交平台、自媒体平台等渠道，将优质内容推送给更广泛的准客户。他们还与知名KOL、网络红人合作，通过直播、短视频等形式，为准客户带来生动、有趣的学习体验。这些多元化的传播方式不仅提高了内容的曝光度，也增强了消费者与平台之间的黏性。

　　该在线教育平台通过多种外部资源，成功构建了一个完整的内容生态体系。尤其是在对学员资源的利用上，他们鼓励学员参与到内容的创作和传播中来，与其他学员共同分享学习的乐趣。同时，学员可以根据自己的需求和兴趣，轻松地找到适合自己的学习资源。这种双向互动的内容生态模式不仅为消费者带来了更好的学习体验，也为平台带来了更多的商业机会和竞争优势。

如何有效地整合资源，形成内容的生态链，从而实现内容与消费者的双向互动，是每个内容运营者必须思考的问题。在整合资源的过程中，运营者需提前做好充分规划，确保资源的有效配置和最大化利用。总结一下，可以利用表 10-4 所列的五类资源。

表 10-4　资源整合常用的五类资源

| 资源 | 含义 |
| --- | --- |
| 关键意见领袖 | 积极寻求与新媒体上关键意见领袖（KOL）、网络红人等的合作，借助他们所拥有的庞大用户基础的影响力，提升品牌曝光率 |
| 已有的消费者 | 消费者是最忠诚的群体，他们生成的内容是最具有吸引力的，善于利用现有消费者资源，可以显著提升内容的吸引力 |
| 新技术、新工具 | 充分利用先进的技术工具，这不仅优化了内容生产流程，还有效降低了运营成本 |
| 上下游企业 | 上下游企业的资源往往具有互补性。打通上下游资源链条，可以实现资源的互通有无，实现资源互补 |
| 同行业企业 | 同行之间不仅是竞争，还有合作，与同行企业或平台合作，求同存异，可以实现效益的最大化 |

# 10.5

## 技巧5：建立账号矩阵，实现多平台高效运营

鉴于现代人获取信息途径的多元化，内容电商亦需顺应趋势，打造账号矩阵，实现多平台运营，让内容全面覆盖小红书、抖音、快手及传统平台等所有主流平台。

　　一家专注于手工、美妆领域的电商公司，拥有多个自媒体账号，账号在不同平台同时运营。这些账号共同构成了一个强大的矩阵，每个账号都有其独特的定位和内容风格，但都围绕着手工、美妆这一核心主题展开。

　　首先，该公司在社交媒体平台上建立了主账号，作为品牌形象的展示窗口。这个账号定期发布关于手工艺、美妆趋势、新品推荐、化妆技巧等内容，吸引了大量对手工、美妆感兴趣的消费者关注。同时，该账号还积极与消费者互动，解答他们的疑问，提供专业的手工、美妆建议，进一步增强了消费者黏性。

　　除了主账号外，该公司还在短视频平台上建立了多个子账号。这些子账号分别针对不同的人群和场景，如针对年轻女性的日常妆容教程、针对职场女性的职场妆容技巧、针对男性的护肤指南等。每个子账号都拥有独特的内容风格和表达方式，但都与主账号保持紧密的联系和互动。这种多元化的内容策略不仅满足了不同消费者的需求，还提高了品牌的曝光度和影响力。

　　此外，该公司还在电商平台上建立了官方旗舰店和多个合作店铺。这些店铺不仅销售公司的手工艺、美妆商品，还通过店铺直播、商品试用等方式与消费者进行互动，进一步拉近了品牌与消费者之间的距离。同时，店铺还会定期发布优惠活动、会员专享等福利，吸引消费者购买并提升复购率。

　　通过打造这样一个完整的账号矩阵，该公司不仅实现了在多个平台上的全面覆盖，还通过不同账号之间的互相引流和转化，形成了一个强大的网络效应。消费者可以在不同的账号上获取不同的内容和服务，同时也可以通过这些账号了解到更多的商品信息和优惠信息。这种多元化的内容和服务策略不仅提高了消费者的满意度和忠诚度，还促进了公司的销售和业绩增长。

　　当然，打造账号矩阵并不是一件容易的事情。它需要企业具备强大的内容创作能力、多平台运营能力以及与消费者互动的能力。但只要企业坚持不懈地投入精力和资源，不断优化和完善自己的账号矩阵策略，就能够在竞争激烈的市场中脱颖而出并取得成功。

多平台运营不仅有助于拓宽内容传播的领域，还能有效触及更广泛的潜在消费者群体，进而显著提升品牌的曝光度和影响力。鉴于各平台消费者群体和内容生态的差异性，多平台运营策略能够充分发掘并利用各平台的独特优势，实现效益最大化。在实践中，实施多平台运营策略主要包含表10-5所示的三个方面。

表 10-5　多平台运营策略的三个方面

| 方面 | 含义 |
| --- | --- |
| 平台定位 | 基于各平台的特点，制定有针对性的内容策略。例如，在短视频平台主要发布短视频内容，而在社交媒体平台则侧重发布图文结合的内容形式 |
| 内容适配 | 根据平台的算法机制、风格特色和消费者偏好，对内容进行精细调整和优化，确保内容能够与各平台高度契合，进而提升内容的曝光度和消费者互动率 |
| 数据整合 | 通过全面分析各平台的数据，深入了解消费者行为及偏好，持续优化多平台运营策略，并为后续的内容创作和运营策略提供有力指导 |

# 10.6

# 技巧6：情景化内容，构建沉浸式体验

内容不应局限于文字本身，而应着重于如何构建一幅富有场景感的画面，使消费者看内容时，能够联想到与其紧密相关的场景，从而激发对商品深入了解的兴趣。

向消费者传达商品的功能与用途，不仅仅停留在对商品名称或属性的描述上，更应该关注如何通过内容展示商品的价值。换句话说，不仅要有简单的商品介绍，告诉消费者商品的名称和功能，还要通过内容打造一个看得见的场景，让消费者理解这个商品为何而生，它能为自己带来什么样的改变或价值。

**案例分析**

商品：一款名为"时光漫步"的户外徒步鞋。

内容：在晨曦微露的清晨，你轻轻穿上"时光漫步"，仿佛踏上了通往未知世界的旅途。每一步都稳健有力，就像行走在历史的古道之上，感受着岁月的沉淀和历史的厚重。

脚下是蜿蜒曲折的山路，两旁是郁郁葱葱的林木。透过树叶的缝隙，阳光洒下斑驳的光影，犹如历史的碎片在你的脚下铺展。你听着远处传来的鸟鸣，那是大自然最纯净的乐章，让人忘却尘世的喧嚣，沉醉在这宁静而美丽的世界。

山路越来越陡峭，但你的脚步却越来越坚定。因为你知道，"时光漫步"不仅是一双鞋，更是你探索未知、挑战自我的伙伴。它陪伴你翻山越岭，走过崎岖与坎坷，记录下你每一个难忘的瞬间。

当夕阳西下，你站在山顶俯瞰整个世界，那一刻的成就感和满足感让你仿佛拥有了整个世界。而这一切，都因为有"时光漫步"的陪伴而变得更加珍贵和难忘。

分析：这个内容通过细腻的笔触描绘出了一个充满诗意和冒险精神的场景，让读者仿佛置身其中。内容中的"时光漫步"不仅是一双鞋，更是探索未知、挑战自我的象征。通过描绘清晨的山路、阳光、鸟鸣等元素，营造出一个宁静而美丽的自然环境，让读者感受到大自然的魅力和力量。同时，内容还通过描绘挑战和克服困难的过程，强调了"时光漫步"的陪伴和支持作用，让读者更加深刻地理解和认同这个品牌和商品。

当内容能精准地刻画场景时，它不仅能引起多数人的共鸣，还能有效传达信息。在内容场景的打造上，具体可以从两个方面着手。首先，要在内容创作中聚焦那些具有代表性的场景，通过细致入微的表现手法，将场景中的关键元素突出展示，以此来增强内容的吸引力和代入感。其次，要在内容呈现上全面而细致地描绘出特定的场景和氛围，打造出一个生动、完整的生活画面，让消费者能够直观地感受到商品的应用场景和效果。

总的来说，内容的打造是一项既需要创意又需要执行力的任务。只有深入理解消费者的需求，才能打造出真正有价值、有吸引力的内容，从而赢得消费者的长久关注。

# 10.7

## 技巧 7：持之以恒，优质内容需长期耕耘

内容电商取得显著成就并非一蹴而就，而是依赖长期的坚持和精心的运营。只有坚持不懈地输出高质量的内容，方能维系消费者的持续关注与忠诚度。否则，即便内容再出色，若缺乏长期且稳定的运营策略，就难以在激烈的市场竞争中脱颖而出，终将淡出公众的视野。在实践中，运营内容的关键点有表 10-6 所示的五个方面。

表 10-6　运营内容的五个关键点

| 关键点 | 含义 |
| --- | --- |
| 定期更新 | 保持内容的定期更新，让消费者有持续的期待感。制订科学的内容发布计划，确保持续不断的内容供应 |
| 质量保证 | 确保每一条内容的质量，不因"量"而牺牲"质"。内容创作过程中注重细节和深度，提供高质量的信息 |
| 消费者反馈 | 重视消费者反馈，及时调整内容策略，满足消费者需求。收集消费者评论和反馈信息，不断改进内容质量 |
| 持续优化 | 根据市场变化和消费者需求，持续优化内容和运营策略。通过数据分析和消费者反馈，不断调整和改进内容策略，提升消费者满意度 |
| 坚持品牌建设 | 坚持品牌的核心价值观和定位，确保内容的一致性和品牌形象的统一。通过长期的品牌建设，提升消费者对品牌的认知和忠诚度 |

# 10.8

## 技巧 8：规避内容运营中的潜在风险

内容电商需清晰识别内容运营流程中潜在的"雷区"。这些"雷区"一旦处理不当，极可能演变成各种风险，对企业的声誉及品牌形象造成负面冲击。深入认知并有效规避此类"雷区"，是保障企业持续稳健运营的核心要素。内容电商面临的"雷区"繁多，现将常见的归纳整理为表 10-7，以便在实际运营过程中进行自我检查与对照。

表 10-7　内容电商运营过程中常见的十个雷区

| 常见雷区 | 危害及建议 |
|---|---|
| 敏感话题 | 涉及政治、宗教、种族等敏感话题时需谨慎，以避免争议和负面影响，建议在内容中尽量避免这些敏感话题，以保持内容的中立性和包容性 |
| 侵犯版权 | 使用未经授权的图片、音乐、视频等素材易引发版权纠纷，因此在使用任何素材前，务必确保拥有合法版权或选择已明确开源的资源 |
| 虚假宣传 | 夸大商品效果或发布虚假信息会损害消费者信任，必须确保内容的真实性和准确性，避免夸大其词，以诚信赢得消费者的信赖 |
| 抄袭问题 | 应加大原创内容的创作力度，以提升品牌的独特性和竞争力。避免直接复制他人内容，这不仅影响原创性，还可能引起法律问题 |
| 侵犯隐私 | 未经消费者同意收集或滥用个人信息，会引发隐私问题。必须遵守相关法律法规，尊重消费者隐私，并确保数据安全 |
| 质量低下 | 频繁发布质量低下的内容可能导致消费者流失，建议注重内容质量和创意，提供有价值的信息，以吸引并留住消费者 |
| 忽视反馈 | 不重视消费者的意见和反馈，可能会错失改进内容和服务的机会。应积极倾听消费者反馈，并及时调整运营策略以满足消费者需求 |

| 常见雷区 | 危害及建议 |
|---|---|
| 不当评论 | 应对负面评论采取积极和建设性的态度回应,以展示品牌的专业性和责任感。处理负面评论不当,可能会引发更大的负面效应 |
| 过度营销 | 频繁推送广告或营销内容会引起消费者反感,建议保持适度的营销频率,并将广告与有价值的内容相结合,以提高消费者的接受度 |
| 忽视平台规则 | 熟悉并遵守各平台规则,确保内容合规发布,不遵守内容发布平台的规则和政策可能导致账号被封禁或内容被删除 |

总之,在内容运营中,商家必须熟记并避开这些"雷区",以此来有效降低运营风险,维护品牌声誉,为长远发展奠定坚实的基础。